CB025440

FICHA CATALOGRÁFICA

(Preparada na Editora)

Baduy Filho, Antônio, 1943-

B129v   *Vivendo a Doutrina Espírita* - vol. I / Antônio Baduy Filho, Espírito André Luiz. Araras, SP,

1ª edição, 2015.

320 p.:

ISBN 978-85-7341-649-7

1. Espiritismo. 2. Psicografia - Mensagens I. André Luiz. II. Título.

CDD -133.9

-133.91

Índices para catálogo sistemático:

1. Espiritismo 133.9
2. Psicografia: Mensagens: Espiritismo 133.91

Vivendo a
DOUTRINA ESPÍRITA

volume *um*

ISBN 978-85-7341-649-7
1ª edição - março/2015

Copyright © 2015,
Instituto de Difusão Espírita - IDE

Conselho Editorial:
Hércio Marcos Cintra Arantes
Doralice Scanavini Volk
Wilson Frungilo Júnior

Projeto Editorial:
Jairo Lorenzeti

Revisão de texto:
Mariana Frungilo

Capa:
César França de Oliveira

Diagramação:
Maria Isabel Estéfano Rissi

INSTITUTO DE DIFUSÃO ESPÍRITA - IDE
Av. Otto Barreto, 1067 - Cx. Postal 110
CEP 13600-970 - Araras/SP - Brasil
Fone (19) 3543-2400
CNPJ 44.220.101/0001-43
Inscrição Estadual 182.010.405.118

www.ideeditora.com.br
editorial@ideeditora.com.br

Todos os direitos reservados. Nenhuma parte desta publicação pode ser reproduzida, armazenada ou transmitida, total ou parcialmente, por quaisquer métodos ou processos, sem autorização do detentor do copyright.

Antônio Baduy Filho

Vivendo a DOUTRINA ESPÍRITA

volume um

Comentários ao
"O Livro dos
Espíritos"

pelo Espírito
ANDRÉ LUIZ

ide

SUMÁRIO
volume um

O Livro dos Espíritos - André Luiz 13

INTRODUÇÃO

1 - Identidade 16
2 - Alma 18
3 - Fraude 20
4 - Fenômeno mediúnico 22
5 - Médium espírita 24
6 - Doutrina Espírita 26
7 - Equívoco 28
8 - Estudo doutrinário 30
9 - Respeito à verdade 32
10 - Qualidade 34
11 - Análise 36
12 - Mistificação 38
13 - Absurdo 40
14 - Engano 42
15 - Loucura 44
16 - Atitude 46
17 - Seriedade 48

PROLEGÔMENOS

18 - Confusão 51
19 - Desfiguração 53
20 - Mentira 55

AS CAUSAS PRIMEIRAS
I - Deus

21 - Deus 58
22 - Deus e o Infinito 60
23 - Orgulho 62
24 - Realidade 64
25 - Acaso 66

26 - Arrogância 68
27 - Futuro 70
28 - Oração ao Senhor 72
29 - Imprudência 74
30 - Fantasia 76

II - *Elementos gerais do Universo*

31 - Princípio 79
32 - Atraso 81
33 - Ciência e mediunidade 83
34 - Matéria 85
35 - Espírito 87
36 - Inteligência 89
37 - Conjugação 91
38 - Fluido universal 93
39 - Pobreza 95
40 - Peso 97
41 - Diversidade 99
42 - Transformação 101
43 - Matéria primitiva 103
44 - Molécula 105
45 - Infinito 107
46 - Espaço universal 109

III - *Criação*

47 - Criação divina 112
48 - Vontade 114
49 - Seu mundo 116
50 - Influência 118
51 - Respeito 120
52 - Caos 122
53 - Vida 124
54 - Princípio orgânico 126
55 - Vida espontânea 128
56 - Sentido 130
57 - Responsabilidade 132
58 - Casal de hoje 134
59 - Raças 136
60 - Irmãos 138
61 - Escolas 140
62 - Diferenças 142
63 - O necessário 144
64 - Marca 146
65 - Tempo 148
66 - Síntese 150

IV - *Princípio vital*

67 - Atração...153
68 - Princípio vital 155
69 - Dependência......................................157
70 - Vitalidade 159
71 - Adaptação 161
72 - Contato 163
73 - Morte...165
74 - Destino..167
75 - Pensamento.......................................169
76 - Sua inteligência.................................171
77 - Inteligência e instinto 173
78 - Educação 175

MUNDO ESPÍRITA OU DOS ESPÍRITOS

I - *Dos Espíritos*

79 - Espíritos...178
80 - Compreensão.....................................180
81 - Começo 182
82 - Matéria e inteligência........................184
83 - Aquele momento................................186
84 - Sem motivo..188
85 - Fim 190
86 - Dois mundos 192
87 - Por toda parte...................................194
88 - Forma 196
89 - Rapidez 198
90 - Sinal fechado.....................................200
91 - Comunicação......................................202
92 - Perispírito...204
93 - Fachada 206
94 - O bem possível 208
95 - Transferência 210
96 - Viagem 212
97 - Imperfeições 214
98 - Impureza...216
99 - Leviandade 218
100 - Vacina..220
101 - Placebos...222
102 - Perturbação......................................224
103 - Bondade...226
104 - Benevolência 228
105 - Conhecimento 230

106 - Sabedoria 232
107 - Superioridade 234
108 - Pureza 236
109 - Progresso 238
110 - Rebeldia 240
111 - Teimosia 242
112 - Recursos 244
113 - Experiência 246
114 - Um pouco mais 248
115 - Companhia espiritual 250
116 - Escolha 252
117 - Substantivo 254
118 - Discernimento 256
119 - Anjo 258
120 - Igual 260
121 - Demônios interiores 262

II - *Encarnação dos Espíritos*

122 - Teste 265
123 - Conquista 267
124 - Saúde 269
125 - Intermediário 271
126 - Corpo 273
127 - Divisão 275
128 - Palavra 277
129 - Significado 279
130 - Fonte confiável 281
131 - Desperdício 283
132 - Consulta certa 285
133 - Alma do bem 287
134 - Transparência 289
135 - Suas ações 291
136 - Contradição 293
137 - Negação 295
138 - Materialismo 297
139 - Engodo 299

III - *Retorno da vida corpórea à vida espiritual*

140 - Passagem 302
141 - Conjunto 304
142 - Eternidade 306
143 - O que dói 308
144 - Separação 310
145 - Libertação 312
146 - É bom 314

COLEÇÃO ▶ VIVENDO A DOUTRINA ESPÍRITA

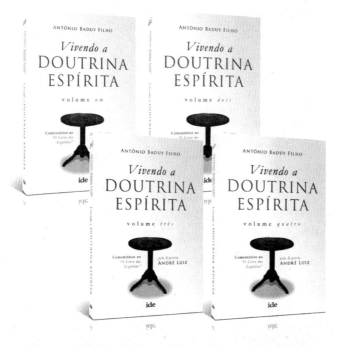

Volumes Um, Dois, Três e Quatro | Espírito ANDRÉ LUIZ

Esta é mais uma coleção do Espírito André Luiz, através da mediunidade de Antônio Baduy Filho, desta feita, acompanhando as questões de "O Livro dos Espíritos", de Allan Kardec.

Trata-se de quatro preciosos volumes que, obedecendo a sequência e a mesma ordem dos capítulos e das questões da referida obra, oferecem-nos profundas orientações, em busca da paz e da elevação espiritual.

www.ideeditora.com.br

O LIVRO DOS ESPÍRITOS

O Livro dos Espíritos guarda em suas páginas a essência da Doutrina Espírita. É o advento do Consolador prometido por Jesus.

E a presença do Espírito de Verdade em seu conteúdo, recordando o ensinamento autêntico do Evangelho e anunciando novos conhecimentos, aponta horizontes mais amplos na compreensão das leis divinas.

Empreendemos neste trabalho, através de páginas simples e objetivas (*), um estudo metódico

---

(*) Nota do médium – Todos os textos foram revisados pelo Espírito André Luiz, inclusive os já publicados na imprensa espírita e como mensagens avulsas, o que explica eventuais alterações na forma dos mesmos, sem prejuízo do conteúdo.

dessas questões, acentuando sempre o enriquecimento interior com o esforço da transformação moral.

Buscamos em você, caro leitor, a companhia fraterna para esta jornada fascinante e esclarecedora, rogando sempre as bênçãos do Senhor.

ANDRÉ LUIZ

Ituiutaba, outubro de 2014

INTRODUÇÃO

1
IDENTIDADE

Introdução – I

O Espiritismo tem identidade própria e não se confunde com outras ideias espiritualistas.

૨ð

Fala do amor a Deus.
E não, do temor.

Exalta a fé raciocinada.
E não, a crença cega.

Reconhece a mediunidade.
E não, o sobrenatural.

Vê lógica na reencarnação.
E não, na ressurreição.

Apoia-se no Evangelho.
E não, em lições teológicas.

Ressalta o livre-arbítrio.
E não, o determinismo.

Aceita o juízo da consciência.
E não, o castigo divino.

Considera a regeneração.
E não, as penas eternas.

Admite as vidas sucessivas.
E não, a existência única.

Busca o Alto com simplicidade.
E não, com cerimônias rituais.

ॐ

O Espiritismo é fase avançada do espiritualismo e seu atestado de identidade é a Codificação Kardequiana.

O espírita que se diz apenas espiritualista expressa verdade incompleta e age como alguém que declara o nome de família, mas não revela o próprio nome.

2
ALMA

Introdução – II

A Doutrina Espírita mostra que a alma não é discussão linguística. É comprovação da imortalidade.

൴

Não é conceito humano.
É criação divina.

Não é mero espectro.
É entidade autêntica.

Não é parte do todo.
É ser independente.

Não é centelha isolada.
É usina complexa.

Não é imaginação religiosa.
É realidade científica.

Não é efeito orgânico.
É causa espiritual.

Não é teoria filosófica.
É experimento prático.

Não é artigo de fé.
É raciocínio lógico.

Não é anseio fantasioso.
É constatação real.

Não é princípio vital.
É senso de moralidade.

৵

O Espiritismo liberta a alma das definições múltiplas e lhe devolve a condição de Espírito eterno.

Cuide, pois, agora, do aperfeiçoamento íntimo, através da transformação moral, para que, amanhã, no mundo espiritual, você não se arrependa de ter esquecido a melhor parte da vida.

3
FRAUDE

Introdução – III

Os fenômenos mediúnicos precederam a Codificação Espírita, abrindo caminho para o conhecimento da realidade espiritual. Até hoje, porém, são motivos de polêmicas, com suas explicações pueris.

෴

Mesa suspensa?
Artimanha.

Materialização?
Fraude.

Transporte de objeto?
Ilusionismo.

Barulho insólito?
Mágica.

Estalido?
Invenção.

Premonição?
Coincidência.

Percepção visual?
Engano.

Captação de vozes?
Doença.

Possessão?
Distúrbio nervoso.

Escrita automática?
Disfunção cerebral.

❧

É certo que o fenômeno fraudulento deve ser investigado e combatido.

Entretanto, é certo também que existe fraude da pior espécie quando alguém investiga para negar de qualquer maneira a manifestação espírita.

4
FENÔMENO MEDIÚNICO

Introdução – IV

Fenômeno mediúnico não é mera curiosidade. Tem finalidade útil.

❧

A mesa gira.
E não é por si.

O móvel se levanta.
E é pesado.

A batida acontece.
E dá resposta.

O objeto se desloca.
E é inerte.

O barulho assusta.
E faz indicações.

O estalido é estranho.
E sinaliza algo.

O vulto aparece.
E por um motivo.

A materialização ocorre.
E tem significado.

❧

O fenômeno mediúnico não acontece por acaso. É o efeito de uma causa inteligente.

Contudo, até hoje, e no meio espírita, é muito comum dar mais valor ao fenômeno em si mesmo do que submeter à análise criteriosa a inteligência que o produz.

5
MÉDIUM ESPÍRITA

Introdução – V

O médium espírita não é mero instrumento de intercâmbio do mundo físico com a dimensão espiritual. É médium investido de alta responsabilidade.

&

Escreve a página.
E aproveita a lição.

Fala a mensagem.
E tem discernimento.

Vê os Espíritos.
E enxerga a si mesmo.

Escuta o Além.
E ouve a consciência.

Percebe vibrações.
E contém seus impulsos.

Compõe músicas.
E harmoniza o interior.

Grafa versos e poemas.
E conhece seu limite.

Produz materializações.
E se desfaz dos vícios.

Movimenta objetos.
E evita o comodismo.

Alivia enfermidades.
E respeita seu corpo.

૨ભ

O médium espírita tem compromisso com o Evangelho de Jesus e não se descuida do autoaperfeiçoamento.

Sabe que o Espiritismo precisa dele, mas que ele próprio precisa muito mais do Espiritismo.

6
DOUTRINA ESPÍRITA

Introdução – VI

A Doutrina Espírita revoluciona o conhecimento religioso.

🙥

Renova a crença.
Com o raciocínio.

Revive o Evangelho.
Sem distorções.

Explica desigualdades.
Com a reencarnação.

Reconhece a fé.
Sem fanatismo.

Prova a imortalidade.
Com os Espíritos.

Respeita o livre-arbítrio.
Sem condenações.

Exclui o sobrenatural.
Com a mediunidade.

Exalta a Justiça Divina.
Sem as penas eternas.

Revela o mais Além.
Com bom senso.

Fala de espiritualidade.
Sem superstições.

ટ&

O Espiritismo é claro em seu conteúdo e objetivos, de tal forma que aquele que faz reparos à Codificação Espírita ainda não a compreendeu e, embora demonstre muita leitura, precisa mesmo é de mais estudo.

7
EQUÍVOCO

Introdução – VII

As academias científicas emitem opiniões equivocadas a respeito do Espiritismo.

&

Mediunidade?
É alteração psíquica.

Reencarnação?
É indemonstrável.

Espírito?
É crença.

Vida no Além?
É fantasia.

Fenômeno físico?
É farsa.

Atuação obsessiva?
É histeria.

Efeito inteligente?
É do médium.

Fluido espiritual?
É superstição.

❧

Os cientistas aplicam as leis que ordenam o mundo material, para pesquisar os fatos espíritas, desconhecendo os princípios que regem a dimensão espiritual.

Convenhamos que isto é tão desastroso quanto utilizar o mapa de um país, quando se quer conhecer outro.

8
ESTUDO DOUTRINÁRIO

Introdução – VIII

Analise bem sua conduta perante o estudo da Doutrina Espírita.

❧

Imparcialidade?
É essencial.

Pressa?
Não adianta.

Leviandade?
É desastre.

Curiosidade?
Interfere.

Indisciplina?
Atrapalha.

Leitura?
Escolha certa.

Dúvida?
Razão socorre.

Polêmica?
Não resolve.

Pesquisa?
Sem preconceito.

Grupo sério?
É importante.

❦

O estudo do Espiritismo é fonte cristalina de conhecimento elevado e, como qualquer fonte, precisa da proteção do bom senso, para que não seja vítima do desrespeito e da invigilância.

9
RESPEITO À VERDADE

Introdução – IX

A manifestação mediúnica exige análise criteriosa.

❧

Mensagem recebida.
É legítima?

Romance novo.
É instrutivo?

Materialização.
É real?

Recado à família.
É verídico?

Revelação científica.
É confirmada?

Vidência descrita.
É lógica?

Orientação espiritual.
É coerente?

Cura mediúnica.
É autêntica?

Página de consolo.
É esclarecedora?

Livro doutrinário.
É leal à Codificação?

ے

O espírita consciente passa pelo crivo da razão qualquer produção mediúnica que lhe chegue ao conhecimento, na certeza de que, por mais respeitável seja o médium, o respeito maior é com a verdade.

10
QUALIDADE

Introdução – X

Você também é responsável pelo conteúdo da mensagem mediúnica. O clima dominante no grupo visível determina a qualidade do comunicante invisível.

&

Curiosidade?
Espírito mentiroso.

Futilidade?
Espírito leviano.

Arrogância?
Espírito enganador.

Dinheiro?
Espírito brincalhão.

Paixão?
  Espírito inferior.

Negócio?
  Espírito hipócrita.

Vingança?
  Espírito obsessor.

Questão amorosa?
  Espírito irônico.

Pesquisa tendenciosa?
  Espírito pseudossábio.

Má intenção?
  Espírito perturbador.

&

Escolha ambiente sério para o contato com a esfera invisível, na convicção de que os sentimentos na dimensão espiritual não são diferentes daqueles do mundo corpóreo.

Em sã consciência, ninguém vai encontrar água pura no meio do pântano.

11
ANÁLISE

Introdução – XI

Anote os indicativos de qualidade da mensagem mediúnica.

❧

Seriedade
Conhecimento
Elevação
Sensatez
Humildade
Responsabilidade
Delicadeza
Correção
Objetividade
Altruísmo

Clareza

Fidelidade

Concisão

Benevolência

Respeito

Lógica

Coerência

Caridade

Bom senso

Amor

❧

Analise a comunicação espiritual segundo os critérios da Codificação Kardequiana, certo de que a mensagem mediúnica vale mais por seu conteúdo do que pela assinatura do mensageiro.

Na banca da feira, você escolhe o legume de sua preferência pelo que ele é e não por causa do feirante.

12
MISTIFICAÇÃO

Introdução – XII

O telefone toca.
Você atende.
É trote.

A carta chega.
Você lê.
É apócrifa.

O pacote surge.
Você abre.
É artimanha.

O hipócrita fala.
Você ouve.
É mentira.

A notícia corre.
Você examina.
É inverídica.

Alguém aparece.
Você confere.
É enganação.

O recado vem.
Você analisa.
É falso.

&

O Espiritismo mostra que, tanto no mundo invisível quanto na vida corpórea, existem inverdades e mistificações.

Cabe, pois, a você, pelo estudo e pela observação, reconhecer a comunicação autêntica, da mesma forma que, pelo conhecimento e pela experiência, não leva para casa o alimento de má qualidade.

13

ABSURDO

Introdução – XIII

Poetas
Escritores
Romancistas
Contistas
Críticos
Jornalistas
Ensaístas
Trovadores
Repentistas
Novelistas
Professores
Técnicos
Cientistas

Advogados

Médicos

Engenheiros

Historiadores

Sábios

Ignorantes

&

Você admite que cada um deles tem linguagem e ideias próprias, mas se surpreende com as diferenças de conhecimento e estilo entre os seres espirituais, que nada mais são do que a Humanidade sem o corpo físico.

Negar a diversidade entre os Espíritos é tão absurdo quanto imaginar que eles não passam de uma população de clones.

14
ENGANO

Introdução – XIV

A casa tem trinca,
mas é habitável.

O carro tem barulho,
mas é útil.

O prego tem ferrugem,
mas firma.

O livro tem desgaste,
mas instrui.

A cadeira tem arranhão,
mas é segura.

A mesa tem falha,
mas serve.

O sapato tem defeito,
mas protege.

A roupa tem remendo,
mas cobre.

A coberta tem mancha,
mas esquenta.

O lápis tem desvio,
mas escreve.

❧

Não cometa o engano de desconhecer a utilidade do conteúdo, porque a forma apresenta defeitos.

Ninguém despreza a sabedoria do professor, porque ele é gago.

15
LOUCURA

Introdução – XV

Buscaste na Doutrina Espírita o alívio de tuas aflições e, extasiado diante dos ensinamentos de Jesus, mudaste de vida.

Desceste do pedestal do orgulho e, impregnado das vibrações do bem, iniciaste os passos vacilantes nas sendas difíceis da humildade.

Abandonaste a crisálida obscura do egoísmo e, qual tímida borboleta nos primeiros voejos, pousaste na flor mais colorida da fraternidade.

Fugiste do palco iluminado da vaidade, onde te exibias com desenvoltura e, cheio de esperança, procuraste o assento anônimo na plateia dos infelizes, aprendendo, pouco a pouco, a dura lição da modéstia.

Em teu meio, porém, entre familiares e amigos, tais mudanças causaram estranheza.

&

Recebeste a ofensa humilhante, machucando-te as fibras mais íntimas do coração. Entretanto, porque não urdiste a vingança no segredo da revolta, mas ofertaste o bálsamo do perdão na taça do entendimento, teu gesto de misericórdia foi tido por ato de loucura.

Assististe ao espetáculo deprimente da miséria, arrancando-te lágrimas de sofrimento. Contudo, porque não fechaste os olhos à dor alheia, mas providenciaste recursos ao socorro dos necessitados, tua conduta solidária foi considerada insanidade.

Observaste o doente sem recursos, mendigando a gota de remédio para o alívio de suas chagas. No entanto, porque não olvidaste o irmão em necessidade, mas dedicaste parte de tuas horas ao amparo dos infelizes, tua decisão fraterna foi interpretada como perturbação.

Descobriste o abandono do próximo, relegado ao catre da solidão, na cabana distante. Todavia, porque não te acomodaste na indiferença, mas doaste trabalho e suor no auxílio aos desvalidos, teu esforço na caridade foi rotulado como alienação.

☙

Discípulo do Evangelho, que agora estagias nas hostes do Espiritismo, não te magoes com a palavra daqueles que te impingem a marca do desequilíbrio, porque te dedicas à Religião dos Espíritos.

Lembra-te de que, há muito tempo, houve alguém entre as montanhas da Galileia, com voz doce e olhar meigo, cujos familiares imaginavam-no haver perdido o juízo e cuja suposta loucura era o anúncio da Boa Nova e o sublime convite a que nos amássemos uns aos outros.

16
ATITUDE

Introdução – XVI

Dúvida

Certeza

Ironia

Seriedade

Desdém

Respeito

Intolerância

Entendimento

Impertinência

Pesquisa

Revolta

Consolo

Incerteza

Fé

Agressão

Alegria

Exigência

Solicitude

Cobrança

Gratidão

❧

Qualquer dessas reações pode acontecer diante da comunicação mediúnica.

Contudo, o médium espírita, fiel a Jesus e dedicado ao estudo constante, conservará a atitude do bem incondicional, trazendo a consciência tranquila pelo dever corretamente cumprido.

17
SERIEDADE

Introdução – XVII

Encare com seriedade a Doutrina Espírita.

಄

Estude constantemente.
Ignorância atrasa.

Observe sempre.
Desatenção limita.

Pesquise com critério.
Ciência não é diversão.

Tenha discernimento.
Confusão complica.

Aproveite a lição.
Só leitura não adianta.

Mude de vida.
Renovação é atitude.

Siga as bases doutrinárias.
Lealdade é imprescindível.

Ore com simplicidade.
Ritual é passado.

Respeite a opinião alheia.
A verdade é de todos.

Ame o próximo.
Fraternidade é essencial.

❧

Fidelidade e exemplo vivo demonstram a autenticidade do ideal.

Há muita gente que se diz espírita, mas vive como se o Espiritismo não existisse.

Prolegômenos

18
CONFUSÃO

Prolegômenos

Dentro de sua perspectiva histórica, o Espiritismo

ensina,

esclarece,

transforma,

ilumina,

consola,

ampara,

direciona,

sustenta,

reergue,

explica,

adverte,

apoia,

conforta,

sensibiliza,

desperta,

pesquisa,

comprova,

define,

orienta,

pacifica.

❧

A Doutrina Espírita é o Consolador prometido por Jesus e alicerça-se na Codificação Kardequiana.

Entretanto, ainda hoje, apesar da clareza e objetividade de seus conceitos, muitos espíritas lhe desconhecem os fundamentos doutrinários e, por negligência ou arrogância, acabam fazendo do Espiritismo vitrina de confusões, exposta à ironia e agressão daqueles que o combatem.

19
DESFIGURAÇÃO

Prolegômenos

Há termos equivalentes que definem com precisão a mesma coisa, como existem sinônimos que apenas se aproximam da ideia original.

❧

Pôr do sol.
Ou crepúsculo.
E poente.

Alvorada.
Ou aurora.
E manhã.

Doze horas.
Ou meio-dia.
E sol a pino.

Sapato.
Ou sandália.
E calçado.

Tecido.
Ou pano.
E roupa.

Compêndio.
Ou livro.
E brochura.

Lápis.
Ou grafite.
E lapiseira.

ठेळ

A Codificação Kardequiana é clara e objetiva, dispensando interpretação. Contudo, há quem lhe faça a leitura a seu modo, desrespeitando-lhe a essência e promovendo verdadeira desfiguração do Espiritismo.

20
MENTIRA

Prolegômenos

Não faça da Doutrina Espírita trampolim para os interesses pessoais.

❧

Orador?
Não se exiba.

Médium?
Não negocie.

Jornalista?
Não se favoreça.

Escritor?
Não se promova.

Cargo?
Não se aproveite.

Editor?
Não se envaideça.

Conselheiro?
Não humilhe.

Diretor?
Não tiranize.

Expositor?
Não abuse.

Provedor?
Não se beneficie.

❧

O espírita que usa o Espiritismo para satisfazer ambição pessoal é uma infeliz mentira se passando por defensor da verdade.

As causas primeiras

Capítulo I

Deus

21
DEUS

Questão 1

Em todos os tempos e entre todos os povos, a Inteligência Suprema e Causa Primária de todas as coisas recebeu denominações diversas e conceitos diferentes.

&

Marduk, na Babilônia.
Deus vitorioso.

Aton, entre os faraós.
Deus incriado.

Zeus, na Grécia antiga.
Deus patriarcal.

Javé, entre os hebreus.
Deus único.

Brama, no Hinduísmo.
Deus supremo.

Huiracocha, entre os incas.
Deus criador.

Alá, no Islamismo.
Deus todo poderoso.

Maíra, entre os indígenas.
Deus transformador.

❧

Contudo, foi o Evangelho que interpretou a sublimidade do Poder Maior, quando Jesus revelou o Deus de amor e misericórdia, afirmando com ternura:

– É o Pai que está nos céus.

22
DEUS E O INFINITO

Questões 2 e 3

Deus não se confunde com o infinito, mas é infinitamente

perfeito
e sábio,

tolerante
e amigo,

compreensivo
e poderoso,

bom
e paternal,

amorável
e paciente,

misericordioso
e justo,

onipresente
e disponível,

onipotente
e amantíssimo.

&

Deus não é o infinito, mas o Bem Infinito.

Não é difícil entender. Você observa, que o céu é uma abóbada azul, mas não confunde o azul com o céu.

23
ORGULHO

Questão 4

Não há dúvida de que o homem é autor de importantes realizações. Fez

foguetes potentes,
mas não, o cometa;

naves cósmicas,
mas não, o meteoro;

satélites artificiais,
mas não, a Lua;

estações espaciais,
mas não, o planeta;

fontes de energia,
mas não, o Sol;

objetos voadores,
   mas não, o pássaro;

máquinas submarinas,
   mas não, o peixe;

estufas de plantas,
   mas não, a terra;

fusões nucleares,
   mas não, o átomo;

inseminações e clones,
   mas não, a célula original.

❧

O homem exibe com orgulho suas obras, mas este mesmo orgulho, ferido pela impotência de criar do nada, faz com que ele desconheça a Criação Divina e negue a existência de Deus.

24
REALIDADE

Questões 5 e 6

Há muitos motivos por que alguém se diz ateu.

≈

Orgulho.
Negação do superior.

Vaidade.
Sentimento de grandeza.

Comodismo.
Desatenção com a vida.

Conveniência.
Liberdade para abusos.

Imitação.
Personalidade frágil.

Revolta.
Objetivo não atingido.

Frustração.
Rogativa não atendida.

Contrariedade.
Insatisfação íntima.

Esnobismo.
Ideia de superioridade.

Autopromoção.
Simples exibição.

૮▲

Entretanto, todos eles guardam dentro de si o sentimento da existência da Inteligência Suprema e, embora não reconheçam esta realidade, de vez em quando se descuidam e afirmam que são ateus, graças a Deus.

25

ACASO

Questões 7 e 8

Você sabe o que se vai dizer, mas não custa repetir.

❧

Farinha. Água. Fermento.
Faz-se o pão.
Mas não, sem o padeiro.

Couro. Cola. Salto.
Faz-se o sapato.
Mas não, sem o sapateiro.

Tecido. Linha. Agulha.
Faz-se a roupa.
Mas não, sem o costureiro.

Ferro. Fogo. Bigorna.
Faz-se a ferradura.
Mas não, sem o ferreiro.

Leite. Creme. Essência.
Faz-se a torta.
Mas não, sem o confeiteiro.

Fruta. Açúcar. Tacho.
Faz-se o doce.
Mas não, sem o doceiro.

Planta. Terra. Adubo.
Faz-se o jardim.
Mas não, sem o jardineiro.

Cego de orgulho, você faz tudo para negar a Inteligência Maior, argumentando que a Criação é obra do acaso.

Entretanto, quando aprecia o pastel, não acha que a massa e o recheio se juntaram por acaso, admite-lhe um autor e até elogia o talento do pasteleiro.

26
ARROGÂNCIA

Questão 9

Galáxias.
E nebulosas.

Estrelas.
E constelações.

Planetas.
E satélites.

Cometas.
E meteoros.

Asteroides.
E luas.

Plantas.
E minerais.

Corpo físico.
E matéria.

Animais.
E instintos.

Humanidade.
E inteligência.

Sentimento.
E criatividade.

ह

Apesar de toda essa obra grandiosa, que denota a presença da Inteligência Suprema, a Ciência arrogante ainda teima em negar a Deus a autoria da Criação.

Isto, porém, é imaturidade espiritual, pois, agindo assim, o homem de conhecimento comporta-se como o adolescente orgulhoso que, por simples competição, desvaloriza os feitos do pai.

27

FUTURO

Questões 10 e 11

O conhecimento íntimo de cada coisa precisa de instrumentação adequada.

જ્

Música?
Precisa do ouvido.

Cor?
Precisa da visão.

Perfume?
Precisa do olfato.

Sabor?
Precisa do gosto.

Estímulo?
Precisa do tato.

Poesia?
Precisa da sensibilidade.

Átomo?
Precisa do cálculo.

Filosofia?
Precisa do raciocínio.

ॐ

O conhecimento da natureza íntima da Divindade esbarra na muralha da imperfeição.

Mas, no futuro, o homem poderá entender a intimidade de Deus, quando, em busca da perfeição, entender também a importância do amor na própria intimidade.

28
ORAÇÃO AO SENHOR

Questões 12 e 13

Senhor,

que és o Poder Supremo e a Divina Providência;

que inundaste de luz as trevas do nada e semeaste no espaço infinito miríades de sóis e estrelas;

que nos concedeste o sopro da vida e nos abençoaste com tua sublime paternidade;

que nos criaste para a imortalidade e nos favoreceste com a inteligência e o livre-arbítrio;

que nos doaste os encantos da Natureza e nos enriqueceste com a dádiva do corpo físico;

que nos deste as planícies e as montanhas da terra firme e preencheste os abismos com a água cristalina dos mares;

que puseste a gota de orvalho na madrugada serena e aqueceste as horas do dia para a exaltação da vida;

que iluminaste o horizonte com os raios da alvorada e cobriste o céu da noite com as luzes coruscantes de tua criação;

que nos ofereceste o canto mavioso dos pássaros e nos premiaste com os dons prodigiosos da linguagem;

que plantaste em nós a bondade e o amor, a misericórdia e o bem, e, para que não os perdêssemos, velaste por nós, no curso dos milênios;

que falaste conosco através de Teus mensageiros, em todos os tempos, e aliviaste nosso caminho de angústias e dores, trazendo-nos a presença inesquecível de Jesus...

Senhor, ajuda-nos a superar o vício e conquistar a virtude, para que, um dia, genuflectidos diante de Tua infinita grandeza, Te conheçamos mais de perto e, de alma enlevada, como Moisés perante as sarças em fogo, possamos Te ouvir a nos dizer com a doçura do Pai Amantíssimo:

– Eu sou o vosso Deus...

29
IMPRUDÊNCIA

Questão 14

Se Deus fosse a resultante de todas as inteligências e forças do Universo, teria de conter em si

a perfeição do anjo
e os defeitos do homem,

a virtude do santo
e os vícios do malfeitor,

o conhecimento do sábio
e a ignorância do selvagem,

a renúncia do altruísta
e o apego do avarento,

a caridade do benfeitor
e a mesquinhez do egoísta,

a violência do arrogante
e a brandura do humilde,

a religiosidade do crente
e a indiferença do cético,

a dignidade do honesto
e a astúcia do corrupto,

o discernimento do sensato
e o desequilíbrio do leviano,

a sinceridade do justo
e o cinismo do hipócrita.

❧

Não aceitando nenhum poder acima de si, a
mente orgulhosa foi capaz de engendrar tal ideia, tão
imprudente quanto admitir que a mãe de família não
é ela mesma, mas a resultante dos filhos que gerou.

Vivendo a DOUTRINA ESPÍRITA 75

30
FANTASIA

Questões 15 e 16

Não há dúvida de que a marca de Deus está em toda a Criação.

ॐ

Na imensidão do infinito.
E na grandeza das galáxias.

No brilho das estrelas.
E na escuridão do espaço.

Na luminosidade do cometa.
E na diversidade dos mundos.

Na pequenez do meteorito.
E na enormidade do planeta.

No calor radiante do Sol.
E no tapete frio da neve.

No clamor da cachoeira.
E no murmúrio do regato.

No perfume da flor.
E no espinho do cáctus.

Na folhagem da árvore.
E no sabor do fruto.

Na beleza da planta.
E no anonimato das raízes.

No instinto do animal.
E na inteligência do Espírito.

❧

Claro que toda obra criada traz o selo de seu criador, mas não é parte dele.

Imaginar, pois, que o trinado do pássaro e o rugido da fera estão em Deus, realmente, é muita fantasia.

As causas primeiras

Capítulo II

Elementos gerais do Universo

31

Princípio

Questões 17 e 18

V ocê conhece, porque tem instrumentação apropriada.

❧

Separa as cores.
Porque tem a visão.

Distingue os sons.
Porque tem a audição.

Analisa a temperatura.
Porque tem o tato.

Examina o sabor.
Porque tem o paladar.

Aprecia o perfume.
Porque tem o olfato.

Conhece a orientação.
Porque tem o equilíbrio.

Descobre o problema.
Porque tem o raciocínio.

Alcança o discernimento.
Porque tem o bom senso.

ೋ

O conhecimento aumenta à medida que ocorre a evolução espiritual, através do aprimoramento íntimo.

Você conhecerá as coisas, desde o princípio, quando conhecer a si mesmo, desde a intimidade.

32

ATRASO

Questão 19

A Ciência é dádiva divina, para que o homem alcance o conhecimento pelo próprio esforço.

Entretanto, ainda moralmente atrasado, ele utiliza o que sabe contra si mesmo.

❧

Pesquisa o átomo.
E faz a bomba nuclear.

Descobre a molécula.
E sintetiza o tóxico.

Explora o espaço.
E pratica a espionagem.

Desenvolve a eletrônica.
E utiliza para tortura.

Aperfeiçoa combustíveis.
E dispara o míssil mortífero.

Analisa substâncias.
E usa a ameaça química.

Seleciona bactérias.
E espalha o terror biológico.

Estuda aerodinâmica.
E constrói o avião de guerra.

Avança em tecnologia.
E fabrica a arma mortal.

Melhora a comunicação.
E propaga a mentira.

ॐ

A Providência Divina age com sabedoria quando põe limites ao conhecimento do homem, no atual estágio evolutivo.

Porque, se ele conhecesse tudo, por certo sua arrogância e ambição logo transformariam o tudo em nada.

33

CIÊNCIA E MEDIUNIDADE

Questão 20

A Ciência seleciona seus objetos de estudo, pesquisando

o Universo,
mas não, o além-túmulo;

o corpo físico,
mas não, a alma;

a infecção,
mas não, a doença espiritual;

a mente,
mas não, o Espírito;

o micróbio,
mas não, o obsessor;

a Natureza,
mas não, a vida espiritual.

❧

O que a Ciência não conhece, a comunicação espiritual, através da mediunidade, pode revelar.

Entretanto, não esqueça que tanto quanto o conhecimento científico, para ser reconhecido, precisa da comprovação experimental, a revelação mediúnica também deve passar pelo crivo da razão, para ser legítima.

34
MATÉRIA

Questões 21 e 22

A matéria, percebida pelos sentidos, encontra-se em diferentes expressões.

૨આ

Oceano.
E gotícula.

Floresta.
E bactéria.

Montanha.
E vírus.

Grão.
E molécula.

Planta.
E célula.

Nuvem.
E ar.

Gelo.
E vapor.

Universo.
E átomo.

❧

O elemento material, ligando o Espírito ao corpo físico, é importante instrumento da evolução. Entretanto, convém que esteja na dose certa, pois o apego demasiado à matéria é com certeza atraso no caminho.

35

ESPÍRITO

Questão 23

O Espírito frequenta o imaginário popular com as caracterizações mais diversas.

❧

Fantasma ameaçador.
Ou aparição feliz.

Espectro tenebroso.
Ou visão tranquila.

Alma constrangida.
Ou ente revelador.

Espírito perturbador.
Ou mensageiro celeste.

Sombra aterrorizante.
Ou luz misteriosa.

Figura sofredora.
Ou imagem serena.

Condenado aflito.
Ou eleito do céu.

Tentação demoníaca.
Ou presença angelical.

≈

A imaginação transfigura o ser espiritual, conforme suas criações íntimas.

Contudo, a Doutrina Espírita, trazendo a fé ao crivo da razão, afirma definitivamente que o Espírito é o princípio inteligente do Universo.

36
INTELIGÊNCIA

Questão 24

Na linguagem comum, o atributo de uma coisa confunde-se com ela própria.

૨૦

Moeda.
E dinheiro.

Superior.
E chefe.

Filme.
E cinema.

Tela.
E pintura.

Poder.
E governo.

Chama.
E fogo.

Florescência.
E primavera.

Emissora.
E rádio.

❧

A inteligência é atributo essencial do Espírito.

Natural, pois, que se identifiquem no mesmo princípio, o que se verifica na descrição bíblica da gênese do mundo, quando o narrador se refere ao Espírito de Deus, referindo-se, na verdade, à Inteligência Suprema, criadora de todas as coisas.

37

CONJUGAÇÃO

Questões 25 e 26

O veículo se movimenta.
O condutor o dirige.

O calçado caminha.
O pé o conduz.

A roupa desfila.
O corpo a sustenta.

O alto-falante anuncia.
A voz é do locutor.

O disco é material inerte.
A música é da orquestra.

A lâmpada é filamento.
A energia traz a luz.

O jornal é apenas papel.
A notícia é do redator.

O filme é tira de celulose.
O diretor lhe dá sentido.

❧

Espírito e matéria se conjugam para o significado da vida.

O piano, sozinho, é instrumento mudo, mas com o pianista, é fonte de melodia.

38
FLUIDO UNIVERSAL

Questão 27

Na atividade comum, você precisa do elemento intermediário para atingir algum objetivo.

ै

Pesquisa a doença.
Indica a radiografia.
Precisa dos raios X.

Deseja o transporte.
Utiliza a locomotiva.
Precisa do vapor.

Está na escuridão.
Dispõe da lâmpada.
Precisa da eletricidade.

Funciona o aparelho.
Controla o ímã.
Precisa do magnetismo.

Faz a transmissão.
Alcança o ouvinte.
Precisa da onda de rádio.

Usa a corda vocal.
Modula a voz.
Precisa do ar.

≈

O fluido universal é o elemento intermediário de que dispõe o Espírito para atuar sobre a matéria. Para que você entenda melhor o que acontece, tome como modelo o artista ao pintar o quadro.

A tela é a matéria.
O pintor é o Espírito.
A tinta é o fluido intermediário.

39

POBREZA

Questão 28

A insuficiência de estudo doutrinário gera transtorno no meio espírita.

❧

Entidades adotam procedimentos comuns às religiões tradicionais e celebram, no próprio recinto ou fora dele, batizados, casamentos e cerimônias fúnebres, em total desacordo com as lições da Codificação.

Instituições estabelecem diretrizes ritualísticas para reuniões de estudo e preces, contrárias à orientação kardequiana, semeando dúvidas e oferecendo visão distorcida, quando não espetaculosa, da prática doutrinária.

Vivendo a DOUTRINA ESPÍRITA ❧ 95

Grupos fazem leitura equivocada das obras básicas, sucumbem à tirania da vaidade e disseminam interpretações ilegítimas dos ensinamentos espíritas.

Médiuns desavisados quanto ao estudo e à vigilância constantes cedem a instrumentação mediúnica a Espíritos imaturos e despreparados para a difusão doutrinária, lotando as livrarias com obras duvidosas e ofertando conhecimento enganoso.

Escritores não resistem às seduções da prepotência, frequentam jornais e livros com argumentos personalistas, sustentam polêmicas inúteis e agridem companheiros que não lhes comungam as ideias, perturbando a harmonia da Doutrina.

🙚

A linguagem humana é realmente pobre para explicar a dimensão espiritual, mas a pior pobreza é a de conhecimento espírita, dificuldade ainda presente no meio doutrinário, apesar da lúcida advertência do Espírito de Verdade:

– Espíritas! Amai-vos, este o primeiro ensinamento; instruí-vos, este o segundo.

40
PESO

Questão 29

Faça com que suas opiniões sejam responsáveis perante a Doutrina Espírita.

❧

Não discuta a esmo.
Palavra solta, raciocínio preso.

Não fale sem base.
Alicerce fraco, prédio no chão.

Não use de sarcasmo.
Verbo irônico, sujeito irreverente.

Não seja agressivo.
Vocabulário forte, argumento frágil.

Não se imponha.
Atitude hostil, ideia insegura.

Não se irrite.
Explosivo detonado, ruína garantida.

Não guarde rancor.
Banho decidido, limpeza certa.

Ligue-se no bem.
Fio na tomada, energia presente.

❧

Em defesa dos postulados doutrinários, cultive estudo e discernimento, para que sua palavra tenha conteúdo.

A matéria grosseira pesa, porque está sujeita à força da gravidade.

Da mesma forma, o argumento espírita só terá peso se estiver submetido à força da razão.

41
DIVERSIDADE

Questão 30

Terra.
E deserto.

Nuvem.
E vulcão.

Oceano.
E pântano.

Fogo.
E ar.

Árvore.
E animal.

Ouro.

E estrume.

Alimento.

E veneno.

Flor.

E espinho.

❧

Tudo isso, tão diferente entre si, deriva de uma única matéria primitiva.

Para compreender melhor, basta lembrar que as cores do arco-íris, tão distintas umas das outras, são modificações de uma só cor branca.

42

TRANSFORMAÇÃO

Questões 31 e 32

A matéria, percebida pelo Espírito encarnado, apresenta-se com variadas propriedades.

ﻌ

Argila.
Areia.
Pedra.

Água.
Gelo.
Vapor.

Ferro.
Madeira.
Vidro.

Voz.
Apito.
Trovão.

Folha.
Fruto.
Semente.

Luz.
Chama.
Vento.

Cristal.
Molécula.
Planta.

❧

Os elementos materiais, tão diversos, são transformações de uma única matéria, primitiva.

Sem atropelar os conceitos da Ciência, entenda isso de maneira simples, considerando que o pão e o bolo são variações de uma mesma substância, a farinha.

43

MATÉRIA PRIMITIVA

Questão 33

A mesma substância material apresenta-se de formas variadas, conforme as circunstâncias.

❧

Observe a clara de ovo.

Viscosa – na casca.
Coagulada – quente.
Sólida – cozida.
Neve – na batedeira.

Veja a polpa da cana.

Líquida – no suco.
Densa – no melado.
Seca – na rapadura.
Cristal – no açúcar.

Note o milho.

Óleo – na extração.
Canjica – triturado.
Pipoca – sob calor.
Fubá – no moinho.

Considere o leite.

Fluido – na ordenha.
Pó – desidratado.
Cremoso – no iogurte.
Consistente – no queijo.

❧

Da mesma forma que uma substância original se modifica para dar origem a outra substância, e nela está presente, a matéria primitiva – criação divina que preenche todos os espaços – também se transforma, nas condições convenientes e no momento que convém, para dar origem a todos os elementos materiais.

44

MOLÉCULA

Questão 34

Fique atento a estas situações da vida cotidiana.

ૐ

A parede é inteira.
Entretanto, observe.
É união de tijolos.

O telhado é contínuo.
Contudo, note.
É conjunto de telhas.

O mosaico é peça única.
No entanto, veja.
É sequência de pastilhas.

O tecido é íntegro.
Todavia, verifique.
É tessitura de fios.

O algodão é chumaço.
Porém, confirme.
É aglomerado de fibras.

A neve é um tapete.
Mas, preste atenção.
É amontoado de flocos.

❧

À parte a nomenclatura científica, entendamos que a molécula é a unidade básica e invisível da matéria percebida como substância una, da mesma forma que o cacho da tamareira é ele mesmo e um só, mas também é um conjunto de tâmaras.

45

INFINITO

Questão 35

O país é grande,
mas há fronteiras.

A estrada é longa,
mas chega ao destino.

O oceano é enorme,
mas esbarra na praia.

O céu é imenso,
mas pousa no horizonte.

O rio é comprido,
mas deságua no mar.

O abismo é profundo,
mas acaba.

A caverna é extensa,
mas tem fim.

A montanha é alta,
mas termina no cume.

❧

A noção de limites impede a compreensão do infinito.

Contudo, é possível ter alguma ideia dele, observando o arco-íris. Por mais que você procure, não encontra o começo nem o fim.

46

ESPAÇO UNIVERSAL

Questão 36

Nos limites de sua moradia, o espaço supostamente vazio contém substâncias materiais, intangíveis, que de algum modo você percebe.

୬

O ar que se respira.
E que não se apalpa.

O perfume da flor.
E que não se pega.

O odor do lixo.
E que não se mede.

A luz da lâmpada.
E que não se prende.

A claridade do Sol.
E que não se agarra.

O cheiro da comida.
E que não se palpa.

O calor do fogo.
E que não se pesa.

A poeira suspensa.
E que não se toca.

❧

Da mesma forma, no Universo, desde a sua casa até a galáxia mais distante, o espaço que parece vazio também está preenchido com outra matéria de natureza sutil, impalpável. A diferença é que você não percebe.

As causas primeiras

Capítulo III

Criação

47
CRIAÇÃO DIVINA

Questão 37

Toda obra é criação do talento de um criador.

&

Do poeta.
O poema.

Do escultor.
A escultura.

Do engenheiro.
O edifício.

Do romancista.
O romance.

Do pintor.
O quadro.

Do costureiro.
A roupa.

Do ourives.
A joia.

Do compositor.
A música.

৵

O Universo é criação divina. Dizer que ele sempre existiu ou seja obra do acaso é tão absurdo quanto afirmar que a ferradura não saiu das mãos do ferreiro, mas se fez a si mesma.

48
VONTADE

Questão 38

Você já experimentou em si mesmo o poder da vontade.

❧

Quis o emprego.
Fez a experiência.
Mostrou capacidade.
E conseguiu o serviço.

Quis a vitória.
Dedicou-se ao treino.
Disputou a competição.
E conquistou o título.

Quis o passeio.
Planejou o roteiro.
Reuniu o necessário.
E realizou o desejo.

Quis o conhecimento.
Frequentou cursos.
Aprofundou o estudo.
E atingiu o objetivo.

Quis o progresso.
Cultivou o esforço.
Trabalhou com afinco.
E alcançou o resultado.

❧

Se, quando quer, você faz, qual a dúvida de que o Universo seja obra da vontade onipotente de Deus?

49
SEU MUNDO

Questão 39

A Ciência pesquisa a origem dos mundos, mas você é responsável pelos sentimentos que se condensam em seu mundo interior.

Egoísmo?
Ou fraternidade.

Mesquinhez?
Ou renúncia.

Orgulho?
Ou humildade. ·

Prepotência?
Ou abnegação.

Ciúme?
Ou confiança.

Inveja?
Ou solidariedade.

Revolta?
Ou resignação.

Descrença?
Ou fé.

Aflição?
Ou calma.

Desespero?
Ou esperança.

Intolerância?
Ou harmonia.

Violência?
Ou paz.

🙦

A criação dos mundos é tema para os estudiosos, mas a formação da intimidade é assunto de cada um.

Deus criou o Universo. Você faz o seu mundo.

50
INFLUÊNCIA

Questão 40

Os corpos celestes exercem influências entre si. É natural, pois, que este efeito seja também percebido nos fenômenos físicos da Terra, mas não, na vida íntima de cada um.

ॐ

Na alternância das marés,
mas não, na vontade.

Nas telecomunicações,
mas não, no pensamento.

Na orientação do caminho,
mas não, no destino.

Nas variações do clima,
mas não, no humor.

No crescimento das plantas,
mas não, na elevação moral.

No mecanismo da bússola,
mas não, na personalidade.

Nos processos eletrônicos,
mas não, na consciência.

Nas radiotransmissões,
mas não, no comportamento.

એ

No Universo, os astros se influenciam de acordo com as leis da mecânica celeste. Na vida moral, porém, cada um é dono de si mesmo.

Se você atribui influência de determinado planeta em seus passos, é possível que, de maneira disfarçada, esteja fugindo da responsabilidade pelos próprios atos.

51
RESPEITO

Questões 41 e 42

A morada terrestre é rica de recursos natu-
rais, mas é agredida pelos próprios moradores.

☙

Nas florestas.
A devastação.

Nos rios.
O lixo.

Nas nascentes.
O descuido.

Nos animais.
A extinção.

Nos campos.
A queimada.

Na atmosfera.
O poluente.

Nas terras.
A erosão.

Nos mares.
O esgoto.

৯

É urgente viver com responsabilidade no globo terrestre.

O homem quer saber tudo sobre a formação e o destino da Terra, mas ainda não aprendeu a ter respeito por ela.

52
CAOS

Questão 43

O caos é a desorganização dos elementos, até que a vontade estabeleça a ordem. Você tem a experiência da vida cotidiana.

ಶ

Vai fazer o bolo.
Junta ingredientes dispersos.
Mistura a massa informe.
E põe na forma que quer.

Vai cultivar a hortaliça.
Reúne terra e adubo no canteiro.
Semeia nas covas em carreira.
E as plantas nascem certo.

Vai criar a cerâmica.
Espreme o barro amorfo.
Modela com mãos hábeis.
E surge o vaso com estilo.

Vai esculpir a obra de arte.
Trabalha na pedra sem forma.
Talha nos pontos exatos.
E revela-se a estátua.

Vai montar o quebra-cabeça.
As peças estão baralhadas.
Seleciona e combina.
E aparece a figura desenhada.

❧

A vontade onipotente de Deus põe ordem no caos, para que os seres vivos possam surgir no mundo recém-formado.

Não é difícil entender, pois você também faz assim. Quando arruma a casa em desordem, permite que os seus tenham vida adequada.

53
VIDA

Questão 44

Você mesmo assiste ao nascer da vida.

❧

Semeia o grão na cova.
Oferta água e nutriente.
E surge a planta viçosa.

Prepara o meio de cultura.
Expõe a placa ao ambiente.
E crescem os micróbios.

Tranca o livro no armário.
Bloqueia luz e ventilação.
E o fungo do mofo aparece.

Detecta o vírus em cristal.
Coloca-o dentro da célula.
E ele vive e se multiplica.

Examina o esporo inerte.
Oferece as condições certas.
E a ameba se movimenta.

Observa o ovo silencioso.
Dá-lhe o calor necessário.
E o novo ser rompe a casca.

ã&

O ser vivo, pois, não surge por acaso, mas se desenvolve, em determinadas circunstâncias, a partir de um germe que contém o princípio vital.

É por isso que, sem a pretensão de encerrar o assunto, pode-se dizer que a Inteligência Suprema, que criou o Universo, também colocou na Terra os germes da vida, para que surgissem os seres de cada espécie, em contínuo processo de evolução, no tempo certo e nas condições adequadas.

54

PRINCÍPIO ORGÂNICO

Questão 45

Você sabe que as coisas não acontecem por acaso.

❧

Enxerga o céu carregado.
Surgem certas condições.
E a chuva precipita do alto.

Observa a nuvem de poeira.
Decorre o tempo necessário.
E o pó decanta na superfície.

Atenta na planta frutífera.
Chega o momento preciso.
E o fruto se solta do galho.

Vê a folhagem na árvore.
Acontece a estação certa.
E as folhas se desprendem.

Percebe o rigor do inverno.
Declina a temperatura.
E a neve cai sobre a terra.

જ

Refletindo sobre esses acontecimentos, você pode compreender que, no início dos tempos, sob determinadas condições e obedecendo à vontade de Deus, através de leis eternas e imutáveis, os princípios orgânicos também se precipitaram da imensidão do Universo e cobriram o planeta recém-formado, para, mais tarde, formarem os germes saturados de energia vital, os quais, por sua vez, também atendendo à legislação divina, iniciaram o ciclo de vida na Terra.

55

VIDA ESPONTÂNEA

Questão 46

Você observa certos acontecimentos e imagina que a vida surge do nada.

❧

Observa a parede.

Pintura sem defeito.

Muro bem cuidado.

De repente, surge o bolor.

Observa o campo.

Visão desoladora.

Terra revolvida.

De repente, surge a planta.

Observa o jardim.
Canteiro arrumado.
Cuidado constante.
De repente, surge a praga.

Observa o córrego.
Leito bem tratado.
Poças na margem.
De repente, surge a larva.

Observa o monturo.
Matéria orgânica.
Lixo sem proteção.
De repente, surge a mosca.

❧

A vida é espontânea, mas não aparece por acaso. Há sempre um germe que dá origem ao ser vivo.

É o que acontece no cotidiano. A tiririca não surge do nada, mas brota do tubérculo, escondido na terra.

56
SENTIDO

Questões 47 e 48

Repare o sentido que você dá à sua vida.

ॐ

Aproveita o tempo.
Ou desperdiça a hora.

Trabalha com honradez.
Ou se desvia na indignidade.

Busca o conhecimento.
Ou se compraz na ignorância.

Cultiva o método.
Ou se perde na indisciplina.

Aceita a humildade.
Ou se entrega ao orgulho.

Aspira à virtude.
Ou se amarra ao vício.

Exalta a fraternidade.
Ou se escraviza ao egoísmo.

Cumpre a obrigação.
Ou estaciona na preguiça.

Semeia a benevolência.
Ou alastra a intolerância.

Anseia pela verdade.
Ou prefere a mentira.

&

É justo o desejo de saber o começo da vida na Terra. Contudo, mais importante é cuidar da própria vida, situando-a nos ensinamentos do Evangelho, para que você seja digno dessa dádiva de Deus.

57

RESPONSABILIDADE

Questão 49

Não há dúvida de que, após o início da vida na Terra, cada espécie tem a capacidade da própria reprodução.

Entretanto, além disso, você guarda também a responsabilidade de desenvolver as qualidades da alma.

❧

Do instinto.
À inteligência.

Da agressividade.
À brandura.

Da ignorância.
À sabedoria.

Do egoísmo.
À caridade.

Da indolência.
Ao trabalho.

Da posse.
Ao desprendimento.

Da brutalidade.
Ao amor.

Da intolerância.
Ao entendimento.

Da inveja.
À solidariedade.

Da destruição.
À paz.

&

Cuide bem, pois, de sua tarefa evolutiva.

Não resolve o frasco ser elegante. É preciso que o conteúdo seja de qualidade.

58

CASAL DE HOJE

Questões 50 e 51

O mito bíblico do primeiro casal na Terra oferece a oportunidade de refletir sobre os casais de hoje. Que tipo de sentimento anima tais parceiros?

&

Compromisso firme.
Ou simples aventura.

Atitude responsável.
Ou conduta leviana.

Consideração mútua.
Ou falta de respeito.

Objetivos harmônicos.
Ou ideias conflitantes.

Sentimento sincero.
Ou jogo de interesses.

Conjugação de esforços.
Ou exploração do outro.

Relação verdadeira.
Ou apenas conveniência.

Comportamento nobre.
Ou propósito indigno.

༄

O casal bíblico falhou por desobediência à Lei Divina.

É importante, pois, que o casal de hoje se mantenha atento às lições do Evangelho, a fim de que também não perca o paraíso da paz interior.

59

RAÇAS

Questões 52 e 53

Você muda a aparência física e as atitudes conforme as condições em que se encontra.

⁊⊸

Se o calor é intenso e o Sol farto:
diminui a vestimenta,
modifica a alimentação,
prefere o ar livre,
o corpo escurece.

Se o inverno é longo e o frio rigoroso:
cobre-se de agasalho,
protege-se com luvas,
busca o ambiente fechado,
a pele clareia.

Se a ocasião é de esporte e competição:
faz treinamentos,
desenvolve músculos,
aumenta a resistência,
o físico se fortalece.

Se o momento é de doença e debilidade:
abate-se a fisionomia,
altera-se a defesa,
reduz-se a atividade,
o organismo atrofia.

❧

Você percebe que as circunstâncias transformam aparências e costumes.

É fácil, pois, entender que a diversidade das raças é consequência inevitável das diferentes condições e lugares em que o homem surgiu e viveu na face da Terra.

Preste atenção na própria Natureza. A planta da floresta é diferente daquela que nasce no deserto.

60
IRMÃOS

Questão 54

O vizinho.
E o estranho.

O amigo.
E o inimigo.

O parente.
E o conhecido.

O companheiro.
E o adversário.

O simpático.
E o antipático.

O honesto.
E o delinquente.

O trabalhador.
E o preguiçoso.

O gênio.
E o ignorante.

O sincero.
E o hipócrita.

O grande.
E o pequeno.

&

É difícil você admitir, mas todos eles são irmãos em Deus. Ainda que estejam em estágios evolutivos tão diversos, são criaturas de um mesmo Criador e caminham para o mesmo objetivo, a perfeição possível.

É o que acontece também na Natureza. O jiló amargo e a batata doce, embora tão diferentes, nascem da mesma terra e se destinam ao mesmo fim.

61
ESCOLAS

Questão 55

Observe o panorama terrestre.

Alguma paz.
Muita guerra.

Alguma caridade.
Muito egoísmo.

Algum direito.
Muita injustiça.

Alguma verdade.
Muita mentira.

Algum consolo.
Muita aflição.

Alguma humildade.
Muito orgulho.

Alguma brandura.
Muita violência.

Alguma esperança.
Muito desespero.

Algum entendimento.
Muita discórdia.

Alguma fé.
Muita descrença.

Alguma modéstia.
Muita vaidade.

Algum amor.
Muito ódio.

પ

Deus criou os mundos para que sirvam de escolas aos Espíritos, no contexto da evolução.

Insistir, pois, que a Terra, repleta de contradições, é o único planeta habitado no Universo, é a mesma situação do indígena, sem conhecimento e isolado na floresta, afirmar que sua aldeia é a única que existe.

62

DIFERENÇAS

Questões 56 e 57

Mesmo na Terra, situações diversas abrigam seres diferentes.

ॐ

No mar aberto.
A baleia.

Na terra.
A minhoca.

Na superfície.
A cobra.

Nas alturas.
A águia.

Na mata.
A raposa.

No gelo.
O pinguim.

No pântano.
O jacaré.

No deserto.
O lagarto.

Na árvore.
O canário.

Na toca.
O tatu.

❧

É claro que os mundos, em situações desiguais no Universo, apresentam constituição física e seres vivos diferentes.

Acontece o mesmo nos diversos ambientes da Terra. O tamanduá não sobrevive no fundo do rio, nem o peixe está à vontade no cume da montanha.

63

O NECESSÁRIO

Questão 58

Usinas de força.
E lâmpadas.

Postes de luz.
E refletores.

Faróis.
E faroletes.

Geradores.
E baterias.

Motores.
E pilhas.

Aquecedores.
E caldeiras.

Lanternas.
E luminárias.

Eletricidade.
E energia nuclear.

৯

A Providência Divina permitiu ao homem a descoberta de inúmeras soluções para substituir a luz e o calor do Sol em suas ausências temporárias. Da mesma forma, Deus colocou nos mundos distantes todas as condições indispensáveis para que se cumpra a Lei de Evolução.

Você pode constatar isso aqui mesmo na Terra. Apesar de afastado da civilização, o nômade do deserto tem o necessário para cumprir o próprio destino.

64

MARCA

Questão 59

O estilista cria o traje.
O traje vai à loja.
Depois, para o cliente.
Mas a marca é do estilista.

O confeiteiro faz o bolo.
O bolo vai à vitrina.
Depois, para a festa.
Mas a marca é do confeiteiro.

O fabricante produz o suco.
O suco vai ao mercado.
Depois, para a bandeja.
Mas a marca é do fabricante.

A indústria monta o veículo.
O veículo vai à exposição.
Depois, para o interessado.
Mas a marca é da indústria.

O novelista escreve o livro.
O livro vai à livraria.
Depois, para o leitor.
Mas a marca é do novelista.

❧

A Criação Divina é uma realidade. O que a Ciência descobre são os detalhes.

Deus criou os mundos.
Os mundos evoluem.
Depois, têm um destino.
Mas a marca é de Deus.

65
TEMPO

Questão 59

O pintor trabalha na tela.
Maneja tintas e técnica.
Leva tempo na criação.
E a tela é obra do pintor.

O alfaiate alinhava o terno.
Atende ao modelo escolhido.
Leva tempo na confecção.
E o terno é obra do alfaiate.

O escultor faz a escultura.
Corta o bloco de mármore.
Leva tempo no serviço.
E a escultura é obra do escultor.

O arquiteto projeta o prédio.
Consulta manuais e cálculos.
Leva tempo no processo
E o prédio é obra do arquiteto.

A cozinheira cria o novo prato.
Segue receita e experiência.
Leva tempo no cozimento.
E o prato é obra da cozinheira.

❧

Não importa se a Criação Divina é obra de milhões de anos. Importa, sim, que é efeito da vontade de Deus, através de leis eternas que regem todo o Universo.

O fruto leva tempo para amadurecer. Mas ninguém nega que ele pertence à árvore.

66
SÍNTESE

Questão 59

Os textos sagrados narram a Criação Divina em linguagem simbólica. Contudo, a Ciência mostra a realidade dos fatos.

❧

A existência de trevas.
É o espaço infinito.

O surgimento da luz.
É a explosão inicial.

A Terra coberta de águas.
É a matéria em fusão.

O dia após a noite.
É a rotação do planeta.

O céu repleto de luminárias.
É o restante da Criação.

A separação entre terra e mares.
É o resfriamento do globo.

O crescimento das plantas.
É o começo da vida.

Os peixes e pássaros.
É o início das espécies.

O aparecimento de animais.
É o avanço da evolução.

Presença do homem.
É o princípio da humanidade.

༄

As exposições religiosas explicam a criação do Universo pela ótica da revelação, e a pesquisa científica, pelas lentes do raciocínio.

Religião é fé.
Ciência é razão.
O Espiritismo é a síntese.

As causas primeiras

Capítulo IV

Princípio vital

67

ATRAÇÃO

Questão 60

Abelhas se atraem.
É a colmeia.

Grãos de areia se reúnem.
São as dunas.

Fungos se amontoam.
É o mofo.

Vapor de água se adensa.
São as nuvens.

Partículas de pó se juntam.
É a poeira.

Seres formam colônias.
São os corais.

Resíduos se unem.
É o lodo.

Torrões de terra se associam.
É a argila.

৯

Você percebe que seres vivos, ou não, agregam-se de alguma forma, para formar substâncias ou situações diferentes. O mesmo acontece na intimidade da matéria. A lei divina da atração une elementos básicos, responsáveis pela formação dos seres orgânicos e inorgânicos.

É por este motivo que a pedra é pedra e você é você.

68

PRINCÍPIO VITAL

Questões 61 e 62

O fio elétrico.
E o nervo

A bomba injetora.
E o coração.

O tecido.
E a pele.

A usina de força.
E a célula.

A filmadora.
E o olho.

Vivendo a DOUTRINA ESPÍRITA

O ventilador.
E o pulmão.

A muleta.
E a perna.

O computador.
E o cérebro.

A impressora.
E a mão.

A água do mar.
E o sangue.

&

Tudo isso é feito da mesma matéria. O que faz a diferença entre você e sua estátua é o princípio vital que lhe anima o corpo físico.

69
DEPENDÊNCIA

Questão 63

Há situações em que duas coisas são úteis, quando juntas e dependentes uma da outra.

❧

O microfone.
E o alto-falante.

O pneu.
E a roda.

A seringa.
E o êmbolo.

A agulha.
E a linha.

A fita magnética.
E o gravador.

A enceradeira.
E a escova.

O fogão.
E a chama.

A luminária.
E a eletricidade.

୧ଈ

O princípio vital e a matéria têm de estar juntos para que a vida aconteça.

Você pode entender melhor, examinando o próprio pulso. O relógio só marca o tempo porque a engrenagem e os ponteiros atuam em conjunto.

70
VITALIDADE

Questão 64

A matéria é viva porque tem o estímulo do princípio vital.

 è▲

A árvore frondosa.
E a borboleta inquieta.

A baleia gigantesca.
E a formiga diminuta.

O peixe veloz.
E a colônia de coral.

O pássaro canoro.
E a cobra silenciosa.

O cogumelo solitário.
E o roseiral em flor.

A mosca impertinente.
E a abelha laboriosa.

A fera da floresta.
E a alga do oceano.

O organismo complexo.
E a ameba simples.

৵

Não se surpreenda ao saber que o sopro da vida física é matéria também, pois o princípio vital é derivado do elemento material primitivo.

Para que você entenda melhor como a matéria dá vida à matéria, lembre-se do motor a explosão: ele é matéria sólida e inerte, mas só funciona e adquire movimento com o combustível, que é matéria fluida.

71

ADAPTAÇÃO

Questões 65 e 66

A corrente elétrica, que tem origem na usina de força, movimenta os mais diversos aparelhos.

❧

O motor da fábrica.
E a sirene.

O aparelho de rádio.
E o ventilador.

O conjunto de som.
E a televisão.

A batedeira de bolo.
E o telefone.

O condicionador de ar.
E o aquecedor.

O ferro de engomar.
E o exaustor.

O fogão elétrico.
E a geladeira.

O cortador de grama.
E o congelador.

O aspirador de pó.
E a enceradeira.

A máquina de costura.
E o computador.

૨૭

Assim como a eletricidade se adapta aos variados mecanismos, a fim de que funcionem de maneira útil, o princípio vital, cuja fonte é o fluido universal, também se amolda e dá vida aos mais diferentes seres orgânicos, como você e a formiga.

72
CONTATO

Questão 67

Os acontecimentos do cotidiano revelam a você que, em determinadas condições, o contato entre duas substâncias materiais produz situações diferentes.

ક⬮

A semente e a terra.
É a planta.

O motor e o combustível.
É o movimento.

A lâmpada e a energia.
É a luz.

A madeira e a grafite.
É o lápis.

A lanterna e a pilha.
É a claridade.

A pólvora e o fogo.
É a explosão.

A parafina e o pavio.
É a vela.

A radiação e o filme.
É a radiografia.

❧

É fácil, pois, você entender o que acontece com a vitalidade no corpo físico.

O princípio vital é princípio vital e a matéria é matéria. Quando, porém, entram em contato, surge a vida.

73

MORTE

Questões 68 e 69

Refletindo sobre a morte, é oportuno discutir como você vive.

❧

Com trabalho.
Ou em férias constantes.

Com responsabilidade.
Ou atitudes inconsequentes.

Com discernimento.
Ou longe do bom senso.

Com humildade.
Ou escravo do orgulho.

Com a verdade.
Ou arauto da mentira.

Com solidariedade.
Ou refém do egoísmo.

Com justiça.
Ou conduta ilegítima.

Com bondade.
Ou esparzindo dores.

Com indulgência.
Ou ideias de vingança.

Com amor.
Ou sementes de ódio.

❧

Analise, pois, segundo os critérios do Evangelho, seu comportamento no corpo físico e viva de tal modo que sua morte não seja um problema.

74

DESTINO

Questão 70

Quando ocorre a morte do ser orgânico, a matéria se decompõe para outras finalidades e o princípio vital volta às suas origens. E você, Espírito imortal, desligado do corpo físico, que rumo tomará?

❧

Aceitará a transformação.
Ou se esconderá na lamúria.

Edificará a esperança.
Ou se ligará ao pessimismo.

Ascenderá aos ideais elevados.
Ou estacionará na mesmice.

Vivendo a DOUTRINA ESPÍRITA ❧ 167

Fortalecerá a fé.
Ou cederá à revolta.

Buscará outros caminhos.
Ou rondará o antigo ambiente.

Enxergará o trabalho.
Ou permanecerá no ócio.

Sentirá a libertação.
Ou manterá as conveniências.

Cultivará hábitos mais nobres.
Ou se fixará nas próprias manias.

❧

A matéria e o princípio vital têm futuro previsível e inevitável, de acordo com as leis divinas. Mas seu destino, após a morte do corpo, só depende de você.

75

PENSAMENTO

Questão 71

Você tem inteligência e faculdade de pensar. Verifique, pois, que direção tem dado a seus pensamentos.

&

Arquiteta a paz.
Ou a discórdia.

Edifica a humildade.
Ou o orgulho.

Nutre a esperança.
Ou o desespero.

Tece a fraternidade.
Ou o egoísmo.

Alimenta o perdão.
Ou a vingança.

Trama a paciência.
Ou a intolerância.

Urde a resignação.
Ou a revolta.

Sustenta a calma.
Ou a raiva.

Compõe a verdade.
Ou a hipocrisia.

Constrói o amor.
Ou o ódio.

❧

A inteligência é independente da matéria, porém se utiliza dela para se manifestar, ainda que o instrumento material apresente defeito.

O piano pode estar desafinado, mas a música é do pianista.

76

SUA INTELIGÊNCIA

Questão 72

O fruto faz parte da árvore.
Nasce. Cresce. Madura.
Depois, vem a colheita.
E o fruto não volta à árvore.

A rosa faz parte da roseira.
É botão. Desabrocha. Perfuma.
Depois, vem a separação.
E a rosa não volta à roseira.

A criança faz parte da mãe.
É embrião e feto. Desenvolve-se.
Depois, vem o nascimento.
E a criança não volta ao útero.

O ovo faz parte da ave.

É elaborado. Toma forma.

Depois, vem a hora de sair.

E o ovo não volta à cloaca.

❧

Da mesma forma, sua inteligência tem origem na inteligência universal. Integra-se a seu organismo. Dá-lhe individualidade moral. Depois, quando se liberta do corpo físico, não volta para a fonte.

Pertence a você e é responsabilidade sua.

77

INTELIGÊNCIA E INSTINTO

Questões 73 e 74

Você lida com a inteligência e o instinto a todo momento.

❧

Tem fome.
E produz o alimento.

Tem sede.
E purifica a água.

Tem desejo.
E faz o que convém.

Tem raiva.
E pensa no resultado.

Vivendo a DOUTRINA ESPÍRITA ❧ 173

Tem medo.
E busca a explicação.

Tem ideia repentina.
E analisa o conteúdo.

Tem violência.
E exercita o controle.

Tem impulso sexual.
E pesa a responsabilidade.

Tem susto.
E se previne do perigo.

Tem agressividade.
E faz dela instrumento útil.

&

A inteligência e o instinto estão sempre presentes na vida e se confundem na resolução de suas dificuldades.

Quando raciocina e se livra de uma agressão, você usa a inteligência. Contudo, a reação de defesa é instinto.

78
EDUCAÇÃO

Questão 75

Percebeste, muitas vezes, uma força interior, impelindo-te à prática do Bem, mas o raciocínio equivocado te afastou da boa ação.

🙠

Tiveste a discussão amarga com quem sempre te partilhou as experiências mais íntimas e, depois, arrependido, desejaste lhe falar com ternura, rogando perdão ao ato impensado.

Entretanto, foste escravo do egoísmo e, em vez das palavras impregnadas de carinho, mergulhaste no silêncio hostil.

Dirigiste o verbo áspero ao companheiro leal e, depois, consumido pelo desgosto, almejaste o reencontro, aflito pelas desculpas do coração amigo.

Contudo, sucumbiste ao peso do orgulho e, em

Vivendo a DOUTRINA ESPÍRITA 🙠 175

vez do gesto de reconciliação, sufocaste tuas pretensões de fraternidade.

Maltrataste o desconhecido na rua e, depois, atormentado pelo remorso, pretendeste desfazer o mal-estar.

No entanto, cedeste ao império da vaidade e, em vez da atitude digna, prosseguiste teu caminho, insensível ao constrangimento do outro.

Fizeste a teu auxiliar exigências descabidas e, depois, amargurado pela conduta iníqua, quiseste a compreensão do colega ofendido.

Todavia, obedeceste aos ditames do preconceito e, em vez do ato de consideração, renunciaste a teus anseios de respeito e amor ao próximo.

🙜

Trazes dentro de ti ímpetos indesejáveis e bons. Moldada pela boa educação, a inteligência controla os impulsos inferiores e se alia aos instintos nobres.

Educa-te, pois, pelos preceitos do Evangelho, para que teu juízo não seja enganoso e asfixie as manifestações espontâneas de bondade.

Segue os ensinamentos de Jesus. E com Jesus trabalha, ama e serve, para que teu raciocínio esteja resguardado de más influências, recordando que Pilatos não atendeu ao instinto bom que absolvia o Mestre Divino e permitiu que se consumasse a injustiça, guiando-se pela razão, eivada de conveniência pessoal.

Mundo Espírita ou dos Espíritos

Capítulo I

Dos Espíritos

79
ESPÍRITOS

Questão 76

Você diz que não crê nos Espíritos porque não os enxerga. Contudo, também não acredita em muita coisa que vê.

&

O irmão é necessitado.
Suplica seu auxílio.
Você vê a penúria.
E não acredita.

O céu está carregado.
O vendaval castiga.
Você vê o perigo.
E não acredita.

A saúde não vai bem.
A situação é de risco.
Você vê a piora.
E não acredita.

O carro está na estrada.
A velocidade é alta.
Você vê o excesso.
E não acredita.

O negócio é estranho.
Não tem segurança.
Você vê a confusão.
E não acredita.

❧

Não basta ver para crer. O Espiritismo despertou a era da fé com a razão e, por isso, desde Allan Kardec, aceitar a existência dos Espíritos não depende de qualquer fenômeno, é simples questão de raciocínio.

80
COMPREENSÃO

Questão 77

Está claro que criador e criatura não se confundem.

❧

A tela é obra do pintor.
E o pintor não é a tela.
Nem a tela é parte do pintor.

A escultura é obra do artista.
E o artista não é a escultura.
Nem a escultura é parte do artista.

A ponte é obra do engenheiro.
E o engenheiro não é a ponte.
Nem a ponte é parte do engenheiro.

A roupa é obra do estilista.

E o estilista não é a roupa.

Nem a roupa é parte do estilista.

A música é obra do compositor.

E o compositor não é a música.

Nem a música é parte do compositor.

O poema é obra do poeta.

E o poeta não é o poema.

Nem o poema é parte do poeta.

O pão é obra do padeiro.

E o padeiro não é o pão.

Nem o pão é parte do padeiro.

❧

Estas realidades tão simples, que você conhece na vida diária, facilitam sua compreensão a respeito da Divindade e a criação espiritual.

O Espírito é obra de Deus. E Deus não é o Espírito. Nem o Espírito é parte de Deus.

81
COMEÇO

Questão 78

Você entende que tudo tem um começo.

❧

O rio é caudaloso,
mas começa na fonte.

A árvore é frondosa,
mas começa na semente.

O organismo é complexo,
mas começa na célula.

A águia é imponente,
mas começa no ovo.

A pedra é preciosa,
  mas começa no cristal.

A montanha é alta,
  mas começa na molécula.

A nuvem é densa,
  mas começa na gotícula.

A matéria é diversa,
  mas começa no átomo.

≈

O ser espiritual também tem um princípio e não existiu sempre como o Criador.

O raciocínio é simples e claro. O Espírito é imortal, mas não é igual a Deus.

82

MATÉRIA E INTELIGÊNCIA

Questão 79

O instrumento é afinado,
mas é o músico que toca.

A corda vocal é sadia,
mas é o cantor que canta.

A máquina é sofisticada,
mas é o condutor que a dirige.

O músculo é resistente,
mas é o operário que o usa.

O computador é avançado,
mas é o técnico que o conhece.

O olho é sensível,
mas é a pessoa que enxerga.

O livro é instrutivo,
mas é o autor que o escreve.

A perna é ágil,
mas é o atleta que corre.

ತಿ

Elemento material e elemento inteligente estão juntos na base das realizações.

O cérebro é matéria complexa, mas é o Espírito que o comanda.

Vivendo a DOUTRINA ESPÍRITA ತಿ 185

83

AQUELE MOMENTO

Questões 80 e 81

Tiveste aquele momento de desânimo, quando teus ideais não eram compreendidos até pelos íntimos, e o látego impiedoso da crítica gratuita te marcou a alma com as dilacerações da ironia e da indiferença.

Entretanto, pouco a pouco, a Sabedoria Divina cicatrizou as feridas dolorosas e te sustentou no caminho repleto de pedras e espinheiros, para que teu amor e entusiasmo não faltassem àqueles que se dobraram ao peso do infortúnio.

Tiveste aquele momento de revolta, quando a dor lancinante te consumia os recessos do organismo, e a enfermidade repentina te interrompeu os passos ágeis nas realizações mais profícuas.

Contudo, pouco a pouco, a Misericórdia Divina te devolveu a esperança e asserenou teu coração impregnado de amargura, para que prosseguisses a jornada com os recursos possíveis.

Tiveste aquele momento de aflição, quando o sopro da morte apagou a presença física do familiar mais querido, e as horas amargas da solidão te invadiram as longas noites de vigília.

No entanto, pouco a pouco, a Bondade Divina te estancou as lágrimas de angústia e revestiu de paz os olhos vermelhos de saudade, para que tuas mãos permanecessem estendidas aos necessitados de apoio.

Tiveste aquele momento de dúvida, quando interesses transitórios minaram teu esforço de renovação íntima, e o brilho ilusório da vaidade te ameaçou as tentativas de crescimento espiritual.

Todavia, pouco a pouco, a Providência Divina te encorajou à transformação moral e te apontou a luz das verdades eternas, para que cultivasses a fé viva no Alto e não caísses em tentação perante as vitórias fáceis.

&

Tiveste, sim, muitas vezes, aquele momento infeliz. E, tantas vezes, notaste que o Poder Divino te amparou com amor e paciência.

Em qualquer circunstância, pois, lembra-te do Senhor como o Pai Amantíssimo que sempre esteve contigo na esteira dos milênios e, guardando no coração a alegria e a esperança, deixa que teus lábios sussurrem com devoção e ternura:

– Eu sou filho de Deus.

84

SEM MOTIVO

Questão 82

Há substâncias materiais que você conhece e
são diferentes da matéria grosseira.

&

O ar.
Você respira,
mas não pega.

A luz.
Você vê,
mas não toca.

O som.
Você ouve,
mas não palpa.

A onda transmissora.
Você capta,
mas não tateia.

A radiação.
Você entende,
mas não enxerga.

A maresia.
Você nota,
mas não segura.

O vapor.
Você aspira,
mas não agarra.

જ⁀

Os Espíritos também se constituem de substância material, tão etérea que você não vê, não percebe, não ouve e não toca.

Isto, porém, não é motivo para desacreditá-los, porque seus pensamentos são igualmente matéria sutil, que você não enxerga, não cheira, não escuta e não apalpa, mas, em nenhum momento, você duvida da existência deles.

85

FIM

Questão 83

Verifique você mesmo que, no mundo, muitas coisas desaparecem, e outras, não.

❧

Você lida com a terra.
A terra nutre a planta.
A planta acaba.
E a terra continua.

Você respira o ar.
O ar sofre poluição.
A poluição acaba.
E o ar continua.

Você admira o Sol.
O Sol some à noite.
A noite acaba.
E o Sol continua.

Você navega no mar.
O mar acolhe o navio.
O navio acaba.
E o mar continua.

Você observa o céu.
O céu tem nuvem.
A nuvem acaba.
E o céu continua.

❧

Na Criação Divina, tudo tem princípio, mas nem tudo tem fim.

Você é Espírito. O Espírito renasce no corpo. O corpo acaba. E o Espírito continua.

86
DOIS MUNDOS

Questões 84, 85 e 86

O mundo espiritual é mais importante, porque preexiste e sobrevive a tudo, mas o mundo corpóreo é também seu campo de provas. Qual sua conduta nele?

꙰

Respeita o corpo
ou é irresponsável?

Preserva o ambiente
ou é destruidor?

Entrega-se ao trabalho
ou é ocioso?

Aproveita o tempo
ou é perdulário?

Busca o progresso
ou é indiferente?

Enxerga o próximo
ou é egocêntrico?

Cultiva a dignidade
ou é leviano?

Valoriza a reencarnação
ou é comodista?

❧

É verdade que o mundo espiritual prevalece. Contudo, não desconheça a importância do mundo corpóreo.

A eletricidade é muito mais abrangente do que a simples luminária, mas é no filamento da lâmpada que a luz aparece.

87

POR TODA PARTE

Questão 87

Causa-lhe surpresa a informação de que os Espíritos estão por toda parte, sem que você se dê conta. Entretanto, tal situação ocorre também no mundo material.

❧

Microorganismos.
Pululam à sua volta.
Você não vê.

Partículas de pó.
Pairam no ar.
Você não nota.

Emissões moduladas.
Cobrem as distâncias.
Você não ouve.

Ondas mentais.
Preenchem o espaço.
Você não identifica.

Raios invisíveis.
Penetram o corpo.
Você não sente.

Vibrações inaudíveis.
Frequentam o ambiente.
Você não percebe.

è&

Os Espíritos não são prisioneiros eternos das regiões paradisíacas, nem estão algemados para sempre aos abismos sombrios.

Estão por toda parte e a qualidade daqueles que se colocam ao seu lado depende exclusivamente da qualidade dos sentimentos que você cultiva.

88
FORMA

Questão 88

Você conhece substâncias materiais que não têm forma determinada e precisam de um recipiente que as contenha.

ॐ

Conhece o gás.
E o gás está no bujão.

Conhece o oxigênio.
E o oxigênio está no cilindro.

Conhece o perfume.
E o perfume está no vidro.

Conhece o xarope.

E o xarope está no frasco.

Conhece o combustível.

E o combustível está no tanque.

Conhece o óleo.

E o óleo está no litro.

Conhece a água.

E a água está no copo.

Conhece a essência.

E a essência está na ampola.

≈

A entidade espiritual também não tem forma determinada e, para que se faça compreensível a você, necessita de um envoltório, que toma a configuração que o Espírito lhe dá.

É como a música. Está em toda parte, mas só na partitura você poderá entendê-la.

89

RAPIDEZ

Questões 89 e 90

Você pensa em determinada solução, mas ela é inconveniente.

৵

Pensa na desforra,
quando lhe convém o perdão.

Pensa no egoísmo,
quando lhe convém a caridade.

Pensa na revolta,
quando lhe convém a aceitação.

Pensa no desprezo,
quando lhe convém o amor.

Pensa na mentira,
quando lhe convém a verdade.

Pensa no desastre,
quando lhe convém a esperança.

Pensa na discussão,
quando lhe convém o silêncio.

Pensa na discórdia,
quando lhe convém a paz.

ॐ

A ideia inconveniente está muito longe da solução do Bem.

Contudo, embora preso ainda ao corpo físico, você pode percorrer esta enorme distância com a rapidez do pensamento, desde que resolva simplesmente mudar de opinião.

90
SINAL FECHADO

Questão 91

Existem barreiras que dificultam a jornada evolutiva.

❧

Orgulho.
E avareza.

Egoísmo.
E vaidade.

Ódio.
E agressão.

Preguiça.
E comodismo.

Mentira.
E hipocrisia.

Leviandade.
E omissão.

Inveja.
E ciúme.

Desprezo.
E indiferença.

Revolta.
E descrença.

Vingança.
E desrespeito.

ॐ

O Espírito atravessa facilmente qualquer obstáculo material.

Contudo, preste atenção a estas barreiras. Cada uma delas é sinal fechado nos caminhos que levam ao reino de Deus.

91

COMUNICAÇÃO

Questão 92

Você conhece o avanço tecnológico na área de comunicações a distância.

❧

Radiodifusão.
O locutor fala.
Está na emissora.
Você ouve a notícia.
E os outros também.

Televisão.
O ator se apresenta.
Está no palco.
Você vê o programa.
E os outros também.

Radiocomunicação.
O operador transmite.
Está diante do aparelho.
Você recebe o recado.
E os outros também.

Videoconferência.
O professor ensina.
Está na cátedra.
Você aprende.
E os outros também.

❧

No mundo físico, a comunicação a distância se faz através de aparelhos.

Contudo, no Mundo Maior, o Espírito de elevada evolução irradia, por si mesmo, o pensamento a várias localidades, distantes umas das outras. Você capta as ideias. E os outros também.

92

PERISPÍRITO

Questões 93 a 95

As substâncias puras, para agirem nas diversas realidades materiais, necessitam de veículos apropriados a cada situação. Tome, como exemplo, o antibiótico.

❧

É cápsula.
Está no interior.

É comprimido.
Está no meio sólido.

É suspensão.
Está diluído.

É injeção.
Está no líquido.

É pomada.
Está no preparado.

É pó.
Está nos grânulos.

É solução.
Está na fórmula.

É bandagem.
Está na gaze.

❧

A substância pura necessita de veículos diferentes para atingir sua finalidade em diferentes circunstâncias.

O Espírito também precisa de um revestimento, que vai buscar no fluido universal dos diferentes mundos. Este envoltório semimaterial serve de intermediário para que ele tenha a forma que queira, atue sobre a matéria e até mesmo se faça visível e palpável, de tal forma que você pode concluir com certeza que o Espírito é a energia pura, e o perispírito, seu veículo etéreo.

93

FACHADA

Questões 96 e 97

Examine suas atitudes em diferentes situações.

❧

Grosseiro em casa.
Educado em público.

Tirano no lar.
Gentil no serviço.

Egoísta na intimidade.
Solidário nas ruas.

Indiferente com os pais.
Atencioso com os outros.

Arrogante com os parentes.
Humilde com os estranhos.

Ríspido com a esposa.
Amável com os amigos.

Exigente com os filhos.
Tolerante com os colegas.

Irritado com a família.
Paciente com os vizinhos.

&

Trate os íntimos com a mesma educação que você mostra em outros ambientes.

Faça o compromisso de se melhorar de acordo com o Evangelho de Jesus e não finja a evolução que você ainda não tem. Santidade de fachada é perda de tempo.

94

O BEM POSSÍVEL

Questão 98

Não exija dos Espíritos o bem que você mesmo pode fazer.

❧

Enfermidade rebelde?
Siga o tratamento.

Desentendimento em casa?
Solucione com paciência.

Dificuldade na família?
Faça sua parte.

Insucesso no serviço?
Trabalhe melhor.

Provação dolorosa?
Fortaleça a fé.

Casamento em perigo?
Aprenda a ceder.

Decisão difícil?
Use o discernimento.

Projeto de vida?
Aja com bom senso.

Conflito no grupo?
Pacifique com o amor.

Mágoa de companheiro?
Resolva com a caridade.

❧

Não transfira para o mundo espiritual a solução que depende de você. Faça o bem possível e não se preocupe, pois o restante é por conta de Deus.

95

TRANSFERÊNCIA

Questão 99

Você conhece as atitudes dessas pessoas.

❧

Indiferentes.
E comodistas.

Zombeteiras.
E irônicas.

Mentirosas.
E levianas.

Hipócritas.
E tapeadoras.

Egoístas.
E arrogantes.

Maldosas.
E tirânicas.

Vingativas.
E cruéis.

Vaidosas.
E autoritárias.

Insensíveis.
E trapaceiras.

Obcecadas.
E agressivas.

૨૪

Estas pessoas, quando despojadas do corpo físico, levam suas inferioridades para o mundo espiritual e constituem a categoria dos Espíritos imperfeitos.

A morte transfere a alma para a eternidade com os defeitos que tem. A transformação moral é decisão dela.

96
VIAGEM

Questão 100

Intelectuais.
E ignorantes.

Sinceros.
E hipócritas.

Humildes.
E arrogantes.

Desprendidos.
E egoístas.

Confiantes.
E desesperados.

Brandos.
E agressivos.

Benevolentes.
E vingativos.

Operosos.
E comodistas.

Sensatos.
E levianos.

Honestos.
E delinquentes.

Modestos.
E vaidosos.

Bons.
E menos bons.

❧

Estes são os habitantes da Terra que vão para o mundo espiritual quando se libertam do corpo físico. O Espiritismo ensina que o morrer é apenas a trajetória da alma à sua pátria de origem, com as qualidades e defeitos que acumulou na experiência evolutiva.

Quando você fizer a viagem através do túmulo, é certo que continuará com as mesmas imperfeições que mostrava no corpo material, a não ser que traga na bagagem o firme propósito da renovação íntima.

97

IMPERFEIÇÕES

Questão 101

Você se reconhece um Espírito imperfeito no corpo material e se constrange diante do serviço na seara do Cristo.

❧

Comenta passagens evangélicas.
E ainda não as segue.

Exalta a caridade.
E ainda vacila.

Disserta sobre o perdão.
E ainda não desculpa.

Ressalta o amor.
E ainda sente raiva.

Fala sobre a humildade.
E ainda aciona o orgulho.

Recomenda a fé.
E ainda tem dúvida.

Sinaliza a indulgência.
E ainda é intolerante.

Discorre sobre a calma.
E ainda se impacienta.
Anota a seriedade.
E ainda é leviano.

Exalça o desprendimento.
E ainda age com egoísmo.

Assinala a brandura.
E ainda é agressivo.

Proclama a bondade.
E ainda é cruel.

❧

É certo que, em alguns momentos, suas imperfeições morais são mais evidentes, mas isto não é motivo para se afastar das tarefas do Evangelho, pois cada instante de serviço com Jesus é precioso estímulo à transformação moral.

98

IMPUREZA

Questão 102

No mundo espiritual ou na esfera física, o Espírito impuro é causa de transtorno e infelicidade.

੭

É ardiloso.
E instila a discórdia.

É intrigante.
E urde o desentendimento.

É hipócrita.
E incrementa a mentira.

É avarento.
E estimula a cupidez.

É enganador.
E lesa o honesto.

É pérfido.
E insinua a infâmia.

É indigno.
E favorece a desonra.

É delinquente.
E instiga o crime.

É cruel.
E espalha o mal.

É vingativo.
E inspira o ódio.

❦

Filho de Deus, o Espírito impuro se afasta da paternidade divina e se desvia da rota que conduz ao progresso espiritual.

É criatura que precisa de esclarecimento e compaixão, pois faz uso equivocado do livre-arbítrio e permite que a impureza sufocante da ignorância asfixie, na intimidade, os germes do Bem, herdados do Criador.

99

LEVIANDADE

Questão 103

No corpo físico ou fora dele, o Espírito leviano perturba a paz dos outros.

୨ଊ

Intromete-se em tudo.
E tece a intriga.

Fala o que não deve.
E é vazio de ideias.

Exibe erudição.
E é ignorante.

Engana o próximo.
E usa a malícia.

Semeia inverdades.
E zomba dos incautos.

Induz maldosamente ao erro.
E não liga às consequências.

Critica com facilidade.
E é mordaz.

Cria vãs esperanças.
E ri da frustração.

Falseia a verdade.
E não se importa.

Dá-se nome diferente.
E se diverte.

❧

Você conhece pessoas assim, no cotidiano. E não mudam, quando se tornam Espíritos desencarnados. Contudo, a transformação virá, quando a dor lhes ensinar que leviandade é perda de tempo e o que resolve mesmo é o esforço da renovação íntima.

100

VACINA

Questão 104

Os Espíritos pseudossábios, na vida corpórea ou na dimensão espiritual, são motivo de transtorno nas mais diversas atividades da Doutrina Espírita. Exibindo conhecimento maior do que realmente possuem, semeiam dúvidas e erros na compreensão dos fundamentos doutrinários.

❧

São autores espirituais.
Com revelações duvidosas.

São médiuns ousados.
Com relatos absurdos.

São escritores conhecidos.
Com ideias esdrúxulas.

São jornalistas de nome.
Com polêmicas inúteis.

São dirigentes institucionais.
Com imposições arrogantes.

São pesquisadores do Espírito.
Com teorias fantasiosas.

São oradores de talento.
Com discursos vazios.

São simples companheiros.
Com falsa erudição.

❧

Com conhecimentos mais amplos do que a maioria dos adeptos, enganam o próximo, exibindo cultura de superfície, de modo que a solução para esses casos é o estudo constante e o entendimento da Codificação Kardequiana, que funciona como autêntica vacina contra os desvios doutrinários.

101
PLACEBOS

Questão 105

Onde quer que estejam, na esfera espiritual ou corpórea, os Espíritos neutros agem sempre da mesma maneira.

❧

Pensam mais em si mesmos.
E se apegam às posses.

Usam a inteligência.
Com alcance limitado.

Respeitam os costumes.
Que seguem sem convicção.

Sujeitam-se aos modismos.
E são fiéis a eles.

Praticam o bem.
Quando são estimulados.

Caem nas malhas do mal.
Se induzidos por outrem.

Planejam a vida.
Em proveito próprio.

Gozam o momento atual.
Com as alegrias mundanas.

&

Quando no corpo físico, são pessoas comuns que não optaram pelo bem como compromisso de vida, nem escolheram o mal como desvio de rota e se parecem com os comprimidos da experiência médica, cujo conteúdo é inócuo, nem remédio, nem veneno.

Os Espíritos neutros, na verdade, são placebos espirituais.

ceso
102
PERTURBAÇÃO

Questão 106

A História está repleta de casos, nos quais os Espíritos perturbadores são personagens marcantes.

❧

Castelos mal-assombrados.
E correntes se arrastando.

Casas abandonadas.
E presença de fantasmas.

Fenômenos repetidos.
E intenção definida.

Barulhos estranhos.
E sem autor presente.

Pedras atiradas de fora.
E atravessando paredes.

Batidas na porta.
E sem batedor visível.

Perfume ou mau cheiro.
E de origem desconhecida.

Lufadas de vento.
E em ambiente fechado.

❧

Tais fenômenos, provocados por Espíritos infe-riores, perturbam o sossego, mas são permitidos pelo Alto, comprovando a vida espiritual, da mesma forma que o vizinho impertinente impõe a você a presença dele, ligando o som nas alturas.

103

BONDADE

Questão 107

O Espírito bom

ama,
perdoa,
ajuda,
releva,
tolera,
compreende,
ampara,
desculpa,
esclarece,
orienta,
protege,
consola,
apoia,

fortalece,

pacifica,

encaminha,

alerta,

sinaliza,

socorre,

adverte,

ensina.

❧

Embora Espírito bom, ainda não atingiu a perfeição possível, mas faz do Bem o objeto principal de suas preocupações, da mesma forma que você, ainda imperfeito e carregado de paixões, pode e deve fazer da renovação íntima o objetivo maior da vida, a fim de que, logo mais, mesmo não tendo alcançado o estágio da bondade, dê os primeiros passos no longo aprendizado de fazer o bem pelo bem.

104

BENEVOLÊNCIA

Questão 108

Mesmo não sendo Espírito benévolo, tente algum gesto de bondade nas experiências do cotidiano.

⁊

Conflito em casa?
Ressalte a paz.

Parente ingrato?
Ajude de novo.

Filho rebelde?
Insista no amor.

Vizinho impertinente?
Use a tolerância.

Visita incômoda?
Receba com educação.

Amigo indiferente?
Continue o mesmo.

Companheiro irônico?
Trate bem.

Colega agressivo?
Entenda a situação.

❧

Cada gesto de benevolência é claridade em seu caminho. Na sombra da imperfeição, um simples raio de luz já é importante conquista.

105

CONHECIMENTO

Questão 109

Busque o conhecimento, mas não faça dele instrumento de prejuízo ao próximo.

৯

Estude a Física.
Sem fim destrutivo.

Evolua na Medicina.
Sem exclusão de pacientes.

Aprofunde-se na Genética.
Sem manipulações da vida.

Desenvolva-se na Biologia.
Sem objetivos nocivos.

Pesquise a Química.
Sem perigos à Natureza.

Instrua-se na Engenharia.
Sem máquinas de guerra.
Conheça a Atomística.
Sem ameaças ao próximo.

Domine a Ciência.
Sem o travo do egoísmo.

ॐ

Conhecer é passo importante na história evolutiva do Espírito. Contudo, conhecimento sem princípios morais é progresso intelectual, mas certamente crescimento para baixo.

106

SABEDORIA

Questão 110

Os Espíritos de sabedoria não são apenas repositórios de conhecimento.

❧

Não são doutores da Lei,
   mas cultivam o senso de justiça.

Não são mestres em Matemática,
   mas sabem a medida do bom senso.

Não são especialistas da Mente,
   mas conhecem os segredos da alma.

Não são autoridades em Teologia,
   mas entendem o Código Divino.

Não são professores de Lógica,
mas têm o raciocínio límpido.

Não são pioneiros da Ciência,
mas compreendem a Natureza.

Não são catedráticos de Medicina,
mas prescrevem a harmonia interior.

Não são luminares da Filosofia,
mas detêm a ética mais elevada.

๖

Siga com eles o caminho da sabedoria. Estude e aprenda, mas busque no Evangelho de Jesus o roteiro das virtudes. Não adianta devorar livros e exibir cultura sem a conquista das qualidades morais, porque a sabedoria não é apenas conhecer, mas é o trajeto milenar que concentra no Espírito a experiência do conhecimento alicerçado no Bem.

107
SUPERIORIDADE

Questão 111

O Espírito Superior é reconhecido no corpo físico pelas atitudes diferenciadas.

🙢

Ama até ao sacrifício.
E não faz cobranças.

Perdoa a ofensa.
E não impõe condições.

Ajuda o próximo.
E não espera retorno.

Fala com sabedoria.
E não é vaidoso.

Semeia a bondade.
E não mostra orgulho.

Analisa com tolerância.
E não julga o irmão.

Vive com desprendimento.
E não conhece o egoísmo.

Tem delicadeza no trato.
E é firme nos princípios.

Respeita a ideia alheia.
E não transige com o erro.

Age com discernimento.
E tem Deus no coração.

❧

No horizonte espiritual da Terra, o Espírito Superior é estrela solitária e episódica, cujo brilho aponta o caminho para a conquista da perfeição.

108
PUREZA

Questões 112 e 113

Sem dor.
E sem lágrimas.

Sem sofrimento.
E sem aflição.

Sem ódio.
E sem maldade.

Sem revolta.
E sem raiva.

Sem inveja.
E sem ciúme.

Sem tristeza.
E sem mágoa.

Sem orgulho.
E sem preconceito.

Sem vaidade.
E sem egoísmo.

Sem desespero.
E sem vingança.

Sem matéria.
E sem provas.

෯

Este é um pálido perfil do Espírito puro, aquele que já alcançou o máximo de perfeição possível à criatura. Para nós, que ainda estagiamos no patamar das imperfeições, é difícil imaginar o que seja isso. O melhor é confiar na misericórdia divina e continuar trabalhando, servindo e buscando a renovação íntima, na certeza de que, um dia, pela bondade de Deus, chegaremos lá.

109
PROGRESSO

Questão 114

Controle a língua.
Grosseria magoa.

Controle a raiva.
Cólera é ruína.

Controle os olhos.
Visão interior ajuda.

Controle o orgulho.
Arrogância é bofetada.

Controle os ouvidos.
Falatório é desastre

Controle o egoísmo.
Mesquinhez é treva.

Controle a vaidade.
Passarela não convém.

Controle os impulsos.
Renovação íntima importa.

વ

Não diga que as imperfeições fazem parte de sua natureza e são irremovíveis. Siga o roteiro do Evangelho e busque a transformação moral, melhorando-se a cada dia, na certeza de que o Espírito é criação divina e por isso mesmo não tem defeito de fabricação.

110

REBELDIA

Questão 115

Acelere o passo no roteiro da evolução, fazendo pequenas mudanças em sua rotina diária.

❧

Menos rigor.
Mais indulgência.

Menos rispidez.
Mais brandura.

Menos impaciência.
Mais tolerância.

Menos egoísmo.
Mais fraternidade.

Menos afoiteza.
Mais discernimento.

Menos mágoa.
Mais perdão.

Menos orgulho.
Mais humildade.

Menos raiva.
Mais amor.

❧

A evolução é a escola, onde cada um responde pelo próprio aproveitamento.

Use, pois, cada instante para se melhorar, rumo à transformação moral. Deus dá a missão, você faz o esforço. Contudo, a rebeldia, atrasando a marcha para a perfeição, é responsabilidade exclusivamente sua.

111

TEIMOSIA

Questões 116 e 117

Mesmo sabendo que é premente a necessidade de evoluir, você ainda acha mais fácil

a desforra,
do que perdoar o insulto;

a mágoa,
do que esquecer a ofensa;

o luxo,
do que ter sobriedade;

o egoísmo,
do que ser desprendido;

o sofisma,
do que buscar o verdadeiro;

a hipocrisia,
do que manter a sinceridade;

a vaidade,
do que alcançar a modéstia;

o orgulho,
do que ser humilde;

a violência,
do que conquistar a brandura;

o ódio,
do que amar o próximo.

ॐ

Você resiste à lei do progresso e acha mais fácil estacionar nos patamares da inferioridade em vez de galgar os degraus da transformação moral.

Contudo, não adianta a teimosia, porque a bondade de Deus lhe reserva destino melhor e, um dia, querendo ou não, você chegará à perfeição.

112
RECURSOS

Questão 118

Use o manual de recursos do Evangelho para corrigir os desvios de conduta na convivência diária.

೩

Impertinência?
O recurso é a tolerância.

Rispidez?
O recurso é a brandura.

Aflição?
O recurso é a calma.

Desânimo?
O recurso é a coragem.

Desespero?

O recurso é a fé.

Necessidade?

O recurso é o trabalho.

Indiferença?

O recurso é o amor.

Arrogância?

O recurso é a humildade.

Egoísmo?

O recurso é o desprendimento.

Violência?

O recurso é a paz.

❧

Cada conquista no bem é definitiva. Ninguém regride nos caminhos da evolução. Contudo, se você estaciona no comodismo da mesmice, o recurso que sobra ao Alto para despertá-lo é o sofrimento na provação dolorosa.

113
EXPERIÊNCIA

Questão 119

Refletindo sobre a experiência evolutiva, é oportuno perguntar se você daria valor

à luz,
sem saber da sombra;

à paz,
sem saber da guerra;

à virtude,
sem saber do vício;

à esperança,
sem saber do desespero;

à verdade,
sem saber da mentira;

à indulgência,
   sem saber da intolerância;

à paciência,
   sem saber da irritação;

à fraternidade,
   sem saber do egoísmo;

à humildade,
   sem saber da arrogância;

ao amor,
   sem saber da indiferença.

&8

A ignorância é o ponto de partida para o conhecimento. Nesta trajetória, a experiência dos contrários é necessária para que o Espírito consolide o sentimento do bem na intimidade.

Não há dúvida de que, na passagem pelo sofrimento, você aprende a dar valor ao alívio.

114

UM POUCO MAIS

Questões 120 e 121

A ignorância, muitas vezes, confunde-se com o mal. Observe as situações.

❧

Você não sabe dirigir.
Quer mostrar que sabe.
Vai para a estrada.
E o desastre ocorre.

Você não sabe remar.
Quer mostrar que sabe.
Vai para o leito do rio.
E o perigo surpreende.

Você não sabe pilotar.
Quer mostrar que sabe.
Vai para a aeronave.
E o acidente aparece.

Você não sabe ensinar.
Quer mostrar que sabe.
Vai para a sala de aula.
E o prejuízo se revela.

Você não sabe cozinhar.
Quer mostrar que sabe.
Vai para o fogão.
E o pior acontece.

ॐ

Se você não sabe, aprenda, a fim de que o dano não surja da insistência na ignorância. O mal é, na verdade, o desconhecimento do bem e depende exclusivamente de você saber um pouco mais para errar um pouco menos.

115
COMPANHIA ESPIRITUAL

Questão 122

Em qualquer fase da evolução, é importante analisar o clima mental das companhias espirituais à sua volta.

❧

Agressores.
Ou amigos?

Impacientes.
Ou calmos?

Hipócritas.
Ou sinceros?

Mentirosos.
Ou leais?

Violentos.
Ou mansos?

Arrogantes.
Ou humildes?

Desesperados.
Ou esperançosos?

Ignorantes.
Ou esclarecidos?

Egoístas.
Ou fraternos?

Vingativos.
Ou tolerantes?

&

O clima mental em volta tem tanta importância para sua conduta quanto a situação meteorológica em seu vestuário de cada dia. Contudo, é preciso ressaltar que a influência só acontece, e é bem sucedida, quando você está de acordo e satisfeito com a companhia.

116
ESCOLHA

Questões 123 e 124

Observe suas escolhas na vida diária.

ঌ

Você recebe a ofensa.
Cogita desculpar.
A mágoa, porém, aparece.
E a escolha é sua.

Você sofre a provação.
Resigna-se com a dor.
A revolta, porém, se infiltra.
E a escolha é sua.

Você galga o poder.
Pensa ser humilde.
O orgulho, porém, ataca.
E a escolha é sua.

Você vai ajudar alguém.
Quer ser fraterno.
O egoísmo, porém, desperta.
E a escolha é sua.

Você tem posição elevada.
Almeja a modéstia.
A vaidade, porém, convida.
E a escolha é sua.

ॐ

Deus lhe deu a liberdade de se decidir entre o bem e o mal. Tais apelos sempre estarão diante de você, na trajetória evolutiva. A escolha é sua.

117
SUBSTANTIVO

Questões 125 e 126

Você tropeça e cai.
Suja-se no chão.
Levanta-se da lama.
Aceita a limpeza.
E não há mais sujeira.

Você adoece da pele.
Cobre-se de pústulas.
Busca o tratamento.
O corpo se recupera.
E não há mais doença.

Você diz o impropério.
Magoa o próximo.
Arrepende-se depois.
A desculpa é aceita.
E não há mais ofensa.

Você tem má intenção.
Prejudica alguém.
Melhora-se em seguida.
Transforma o interior.
E não há mais maldade.

Você erra o caminho.
Atrasa a viagem.
Corrige a rota.
Chega ao destino.
E não há mais erro.

❧

Não importa se, algum dia, você viveu a ilusão do erro, como um Espírito mau. Importa que esteja, agora, na realidade do bem.

Mau é apenas um adjetivo de uso provisório. O que é eterno é o substantivo Espírito, criação e fruto do amor de Deus.

118
DISCERNIMENTO

Questão 127

O lavrador faz o plantio.
Usa a terra mais adequada.
A sementeira é sempre igual.
Umas nascem vigorosas.
Outras brotam deficientes.

O pintor faz quadros.
Usa tinta de qualidade.
A inspiração é sempre igual.
Uns são obras de arte.
Outros, nem tanto.

O escritor faz os livros.
Usa linguagem nobre.
O estilo é sempre igual.
Uns alcançam sucesso.
Outros recebem críticas.

O escultor faz as esculturas.
Usa o mesmo mármore.
O trabalho é sempre igual.
Umas são bem aceitas.
Outras provocam polêmica.

O compositor faz as músicas.
Usa o talento reconhecido.
O ritmo é sempre igual.
Umas estouram nas paradas.
Outras tocam menos.

৯

Na origem, os Espíritos são sempre iguais. Contudo, muitos se enganam e usam o livre-arbítrio em desacordo com as Leis Divinas, razão pela qual você deve cultivar o discernimento alicerçado nas lições do Evangelho, para que não se atrase no curso da evolução.

119
ANJO

Questões 128 e 129

Sempre bondade
Nunca indiferença.

Sempre brandura.
Nunca irritação.

Sempre humildade.
Nunca arrogância.

Sempre virtude.
Nunca vício.

Sempre pureza.
Nunca paixão.

Sempre indulgência.
Nunca intolerância.

Sempre misericórdia.
Nunca censura.

Sempre caridade.
Nunca egoísmo.

Sempre missão.
Nunca prova.

Sempre trabalho.
Nunca ócio.

Sempre felicidade.
Nunca infortúnio.

Sempre o bem.
Nunca o contrário.

&

Assim é o anjo, Espírito puro que atingiu a perfeição possível. Contudo, houve época em que esteve mergulhado no erro e na provação, superando a inferioridade com o apoio das Leis Divinas.

Assim também será você, Espírito impuro que hoje ainda frequenta o terreno da imperfeição, mas que, seguindo os passos de Jesus e renovando-se intimamente, amanhã chegará, com toda a certeza, à esfera angelical.

120
IGUAL

Questão 130

A criança admira o adulto.
E o adulto já foi criança.

O aluno admira o professor.
E o professor já foi aluno.

O pequenino admira o pai.
E o pai já foi pequenino.

O cadete admira o general.
E o general já foi cadete.

O aprendiz admira o artesão.
E o artesão já foi aprendiz.

O novato admira o artista.
E o artista já foi novato.

A menina admira a mãe.
E a mãe já foi menina.

O ajudante admira o chefe.
E o chefe já foi ajudante.

❧

Os anjos não são seres especiais, criados já perfeitos e melhores do que os outros. São Espíritos, cuja origem é a mesma de todos, mas que venceram a inferioridade, submetendo-se à fieira das reencarnações e alcançando o grau supremo da perfeição.

Você, ainda enredado na teia das imperfeições, admira o anjo. E sabe que, um dia, o anjo foi como você.

121
DEMÔNIOS INTERIORES

Questão 131

Expulse os demônios que moram em sua intimidade e tentam induzi-lo ao caminho do mal.

❧

O ódio.
E a vingança.

A irritação.
E a cólera.

A arrogância.
E a violência.

O egoísmo.
E a usura.

A descrença.
E a aflição.

O ciúme.
E a inveja.

O desespero.
E a revolta.

O vício.
E a esperteza.

A mentira.
E a lascívia.

A hipocrisia.
E a vaidade.

❧

Os demônios interiores são as mazelas do Espírito ainda mergulhado na sombra. Para lhes evitar a influência, é preciso que você busque com firmeza e perseverança os ensinamentos de Jesus e se decida efetivamente pelo caminho do bem.

Mundo Espírita ou dos Espíritos

Capítulo II

Encarnação dos Espíritos

122
TESTE

Questão 132

A trajetória evolutiva exige a experiência própria. Há muita coisa que você tem de fazer por si mesmo.

❧

O professor leciona,
    mas é você quem aprende.

O médico receita,
    mas é você quem se trata.

O guarda sinaliza,
    mas é você quem dirige.

A biblioteca tem livros,
    mas é você quem lê.

Vivendo a DOUTRINA ESPÍRITA ❧ 265

O instrutor orienta,
mas é você quem age.

O conselho é dado,
mas é você quem resolve.

O colégio ensina,
mas é você quem estuda.

Há mais de um caminho,
mas é você quem escolhe.

❧

A vivência física é necessária ao Espírito, que colabora com a Obra Divina, enquanto progride e alcança a perfeição.

A dimensão espiritual dá o ensinamento, mas é no mundo corpóreo que você vai fazer o teste e saber se realmente aproveitou a lição.

123
CONQUISTA

Questão 133

Não queira privilégios só porque você está no caminho do Bem. A reencarnação é igual para todos.

&

Doença?
Consulte o médico.

Dor?
Use o medicamento.

Problema?
Resolva com bom senso.

Dificuldade?
Trabalhe mais.

Aflição?
Tenha calma.

Obstáculo?
Supere com paciência.

Conflito íntimo?
Entenda a si mesmo.

Ofensa?
Reaja com humildade.

Desânimo?
Fortaleça a fé.

Provação?
Confie no Alto.

❧

Não exija da Providência Divina situação especial a que você ainda não tem direito, compreendendo que, nas atribulações da vida física, a felicidade não é dádiva, é conquista.

124
SAÚDE

Questão 134

Cuide da alma com o mesmo zelo que dedica ao corpo material.

୬

Pratique o exercício,
mas não esqueça a reflexão.

Utilize a vitamina,
mas fortaleça a fé.

Siga a dieta rigorosa,
mas livre-se das paixões.

Faça a cirurgia plástica,
mas enobreça as ideias.

Desenvolva os músculos,
mas eleve o sentimento.

Extirpe o tumor,
mas elimine o vício.

Controle a alergia,
mas supere a irritação.

Tome o remédio,
mas cultive a prece.

Busque a medicina,
mas inspire-se no Alto.

Use o creme hidratante,
mas revigore-se no amor.

❧

Claro que é importante cuidar do corpo, garantindo a saúde física. Contudo, lembre-se de que, na vida eterna, o que importa é a saúde da alma.

125

INTERMEDIÁRIO

Questão 135

Seja o elo entre o alívio e o sofrimento.

৵

Providencie o pão.
A quem está com fome.

Dê o agasalho.
A quem está com frio.

Consiga o tratamento.
A quem está doente.

Estenda a mão.
A quem está na miséria.

Arranje o remédio.
A quem está com dor.

Ofereça a paz.
A quem está na revolta.

Traga a esperança.
A quem está aflito.

Oferte o consolo.
A quem está triste.

Anuncie a coragem.
A quem está na luta.

Proclame a fé.
A quem está na dúvida.

ঌ

Ajude aqueles que estão em provas dolorosas, resgatando as dívidas do passado. Eles sofrem o rigor da justiça. Seja você o intermediário da misericórdia.

126
CORPO

Questão 136

Não atribua ao corpo a conduta inadequada.

❧

Grosseria?
Não é a boca.

Cólera?
Não é o fígado.

Mentira?
Não é a língua.

Maledicência?
Não é o olho.

Intriga?
Não é o ouvido.

Agressão?
Não é o braço.

Ironia?
Não é o lábio.

Denúncia?
Não é o dedo.

Gesto ofensivo?
Não é a mão.

Descaminho?
Não é a perna.

❧

O corpo é apenas o envoltório do Espírito. Responsabilizá-lo, pois, pelas atitudes infelizes é o mesmo que atribuir ao carro as manobras intempestivas do motorista.

127
DIVISÃO

Questão 137

Claro que o Espírito é indivisível. Às vezes, porém, você fica dividido e quer se conduzir de um modo, mas age de outro.

Quer calma.
E se irrita.

Quer paz.
E se aflige.

Quer coragem.
E fraqueja.

Quer brandura.
E agride.

Quer modéstia.
E se envaidece.

Quer perdão.
E se vinga.

Quer fé.
E duvida.

Quer a verdade.
E falseia.

Quer aceitação.
E se revolta.

Quer trabalho.
E se acomoda.

Quer caridade.
E escapa.

Quer amor.
E odeia.

ॐ

A divisão põe à mostra, de um lado, o desejo de espiritualidade superior, e de outro, a dependência às imperfeições. Cabe, pois, a você, o esforço da transformação moral, a fim de que, melhorando-se intimamente, o bem seja seu único compromisso com a própria consciência.

128

PALAVRA

Questões 138 e 139

É verdade que a linguagem humana é pobre e usa a mesma palavra para designar situações muito diferentes. Observe alguns exemplos.

❧

Manga – de fruta.
Manga – de camisa.
Manga – de chuva.
Manga – de eixo.

Meia – de metade.
Meia – de calçar.
Meia – de tecido.
Meia – de número.

Casa – de morada.
Casa – de botão.
Casa – de comércio.
Casa – de penhor.

Cartão – de cumprimento.
Cartão – de ponto.
Cartão – de compra.
Cartão – de visita.

Ponto – de costura.
Ponto – de pontuação.
Ponto – de ônibus.
Ponto – de teatro.

Caixa – de embalagem.
Caixa – de contabilidade.
Caixa – de som.
Caixa – de água.

❧

Ao usar a palavra de diverso significado, evite a confusão e expresse com clareza seu pensamento, seguindo com perseverança e esforço os ensinamentos de Jesus, na certeza de que o Bem possui apenas um sentido e não comporta interpretações personalistas.

129
SIGNIFICADO

Questões 138 e 139

Caridade não é negócio.
É ajuda desinteressada.

Amor não é exibição.
É sentimento puro.

Paciência não é preguiça.
É espera com calma.

Tolerância não é ausência.
É presença ativa.

Esperança não é fantasia.
É expectativa do melhor.

Humildade não é submissão.
É obediência ao bom senso.

Fé não é crença cega.
É compreensão do Alto.

Perdão não é fuga.
É procura do bem.

№

Veja como você entende o significado das palavras a fim de que, buscando ser fiel às próprias ideias, não confunda fidelidade com fanatismo.

130
FONTE CONFIÁVEL

Questão 140

Informe-se corretamente acerca da Doutrina Espírita.

શ

Escolha a leitura.
E o autor.

Leia com atenção.
E critério.

Estude com método.
E discernimento.

Aprenda com interesse.
E disciplina.

Pesquise com isenção.
E honestidade.

Discuta com ciência.
E confiança.

Fale com certeza.
E ponderação.

Exponha o básico.
E o essencial.

&

Evite o mal-entendido. Beba todo o conhecimento possível a respeito do Espiritismo, mas fique certo de que a fonte confiável nasce invariavelmente da Codificação Kardequiana.

131

DESPERDÍCIO

Questões 141 e 142

Aproveite a experiência da vida material para aprimorar os sentimentos da alma.

৵

Aprenda a esperar.
Paciência é qualidade.

Seja tolerante.
Impertinência é erro.

Esqueça a ofensa.
Perdão é saúde.

Seja humilde.
Orgulho é desastre.

Tenha fé no Alto.
Confiança é firmeza.

Seja indulgente.
Censura é engano.

Ame o próximo.
Fraternidade é solução.

Seja caridoso.
Egoísmo é cegueira.

Aja com bondade.
Benevolência é virtude.

Seja otimista.
Desespero é atraso.

৶

A alma se manifesta através do corpo físico, revelando suas tendências. Siga, pois, as lições do Evangelho e procure transformá-la para melhor, a fim de que, no futuro, você não se arrependa do desperdício de tempo na escola da evolução.

132
CONSULTA CERTA

Questão 143

Previna-se contra as explicações estranhas acerca da Doutrina Espírita.

ટ્ય

Estude mais.
A ignorância cega.

Leia com proveito.
A atenção ajuda.

Escolha a fonte.
A impureza envenena.

Use discernimento.
A razão orienta.

Ouça o bom senso.
A fantasia confunde.

Selecione leitura.
A origem importa.

Aplique o raciocínio.
A pressa atrapalha.

Recuse esquisitices.
A verdade é simples.

෫෧

Ao buscar esclarecimentos a respeito do Espiritismo, faça a consulta certa, respeitando a Codificação Kardequiana, a fim de que você se livre da informação equivocada e seu conhecimento doutrinário seja legítimo.

133
ALMA DO BEM

Questão 144

Considere o irmão.
E ajude.

Esqueça a ofensa.
E perdoe.

Veja o estranho.
E respeite.

Ouça o doente.
E socorra.

Conheça o outro.
E dialogue.

Encontre o vizinho.
E sorria.

Conforte o infeliz.
E abrace.

Sustente a paz.
E trabalhe.

Exalte a caridade.
E aplique.

Ame o próximo.
E prossiga.

❧

Usando o lugar-comum da linguagem cotidiana, é válido dizer que o amor é a alma do Evangelho. Não esqueça, pois, os ensinamentos de Jesus e viva de tal forma que você seja a alma do bem.

134

Transparência

Questão 145

A Doutrina Espírita tem seus fundamentos. É justo, pois, interrogar como você age perante eles.

୧

Estudo sério.
Ou leitura breve?

Aceitação.
Ou recusa?

Análise lúcida.
Ou visão superficial?

Interesse.
Ou indiferença?

Uso da razão.
Ou fanatismo cego?

Respeito.
Ou ironia?

Juízo maduro.
Ou crítica gratuita?

Bom senso.
Ou fantasia?

ஐ

Fale sobre o Espiritismo, expondo com transparência as bases doutrinárias. Contudo, não misture as próprias ideias ao conteúdo kardequiano, a fim de que seu discurso expresse fielmente a pureza e a verdade da Codificação Espírita.

135
SUAS AÇÕES

Questão 146

Você pensa, sente e age nas mais diferentes situações.

❧

Ri.
E graceja.

Sofre.
E chora.

Irrita-se.
E agride.

Planeja.
E realiza.

Medita.
E escreve.

Inspira-se.
E compõe.

Raciocina.
E trabalha.

Abusa.
E adoece.

Tolera.
E pacifica.

Ora.
E confia no Alto.

❧

Analise bem suas ações, na certeza de que não importa onde esteja a sede da alma no corpo físico, pois, em qualquer circunstância, você é sempre o responsável pelo que faz.

136
CONTRADIÇÃO

Questão 147

Preste atenção nos que apregoam a existência da alma, mas se submetem à tirania da matéria.

ஃ

Pregam a simplicidade.
E andam no luxo.

Falam de desprendimento.
E se nutrem de egoísmo.

Discursam sobre a caridade.
E vivem na indiferença.

Proclamam o necessário.
E se fartam na abundância.

Exaltam a justiça.
E praticam a exploração.

Ensinam a virtude.
E usufruem do vício.

Sugerem a paz.
E se entregam ao conflito.

Exalçam o amor ao próximo.
E amam apenas a si mesmos.

❧

Tais atitudes mostram a contradição entre o que aconselham e o que fazem. Dizem-se espiritualistas, porém estão mais perto do materialismo.

137

NEGAÇÃO

Questão 148

O orgulho tem perdido muitas inteligências, inclusive os espíritas que esquecem o bem e agem com arrogância.

❧

Leem.
E pensam conhecer tudo.

Discutem.
E não ligam aos outros.

Estudam.
E desprezam os ignaros.

Pesquisam.
E se julgam superiores.

Dirigem.
E afastam os auxiliares.

Escrevem.
E ironizam os irmãos.

Falam.
E humilham os ouvintes.

Polemizam.
E agridem os contrários.

Oram.
E discriminam na prece.

Frequentam reuniões.
E criticam os companheiros.

ॐ

A Ciência arrogante nega a existência da alma e da vida espiritual. Contudo, o espírita orgulhoso é a negação da caridade.

138

MATERIALISMO

Questão 148

O mestre dedica-se à pesquisa.
Analisa os ângulos da questão.
Chega a importante descoberta.
Depois, fica exaltado.
E não é por causa da pesquisa.
É humor.

O aluno dedica-se à Ciência.
Consulta trabalhos diversos.
Supera o exame complicado.
Depois, fica vaidoso.
E não é por causa da Ciência.
É caráter.

O engenheiro dedica-se ao projeto.
Elabora equações complexas.
Ganha a difícil concorrência.
Depois, fica revoltado.
E não é por causa do projeto.
É temperamento.

O compositor dedica-se à música.
Compõe delicada melodia.
Vence o concurso.
Depois, fica deprimido.
E não é por causa da música.
É fragilidade.

❧

O materialismo não se sustenta e se justifica de inúmeras maneiras. O cientista dedica-se ao estudo. Aprofunda-se na matéria. Depois, fica materialista. E não é por causa do estudo. É arrogância.

139

ENGODO

Questão 148

O materialismo não passa de engodo. Observe.

❧

A vela tem parafina.
Parafina e pavio.
E clareia com chama.
Sem chama é inútil.

O carro tem motor.
Motor e combustível.
E anda com motorista.
Sem motorista é inerte.

A lâmpada tem vidro.
Vidro e filamento.
E ilumina com energia.
Sem energia não acende.

O sino tem campânula.
Campânula e badalo.
E toca com movimento.
Sem movimento é bronze.

O corpo tem músculos.
Músculos e nervos.
E pensa com a alma.
Sem a alma não age.

❧

A alma não é produto do metabolismo orgânico, é independente e tem vida própria. No cadáver, ela já se foi, da mesma forma que, no pneu estragado, o ar já não existe.

Mundo Espírita ou dos Espíritos

Capítulo III

Retorno da vida corpórea à vida espiritual

140
PASSAGEM

Questões 149 e 150

Existem semelhanças entre o que acontece com você e com a alma, quando se encerra o compromisso longe de casa.

ॐ

Você dispensa a hospedagem.
A alma se desliga do corpo.

Você cuida da bagagem.
A alma preserva o interior.

Você contabiliza as atividades.
A alma reúne as conquistas.

Você retorna ao local de origem.
A alma volta ao mundo dos Espíritos.

Você continua o mesmo.
A alma mantém a individualidade.

Você faz o balanço dos negócios.
A alma presta contas à consciência.

Você viaja de acordo com as posses.
A alma se desloca conforme a elevação.

Você usa a roupa apropriada.
A alma se reveste do perispírito.

Você apresenta os resultados.
A alma relaciona as aquisições.

Você pretende a promoção.
A alma aspira à felicidade.

❦

A passagem pelo corpo é a viagem do Espírito rumo ao compromisso material. Aproveite, pois, a experiência física para as realizações que não contrariem os ensinamentos de Jesus, a fim de que, mais tarde, ao retornar à esfera espiritual, você tenha lembranças das quais não se arrependa.

141
CONJUNTO

Questões 151 e 152

Não transfira ao todo a parte que é responsabilidade sua.

❦

Família.
Cumpra a obrigação.

Grupo social.
Não fuja ao dever.

Instituição.
Não negue apoio.

Reunião de trabalho.
Execute sua tarefa.

Escola.
Esteja presente.

Equipe de voluntários.
Não se omita.

Multidão.
Seja você mesmo.

Assembleia de cidadãos.
Não se anule.

❧

Você está imerso no todo, mas é sempre parte distinta, mantendo a própria individualidade. Entenda melhor, recordando que a laranja, embora pareça ser uma só, é na realidade conjunto de gomos independentes.

142
ETERNIDADE

Questão 153

Valorize a experiência temporária no corpo físico, mas não esqueça os valores eternos da alma.

ॐ

Combata a infecção.
E o ódio.

Preserve o cérebro.
E a sensatez.

Medique os olhos.
E a cólera.

Cuide do coração.
E do amor.

Controle a alergia.
E o egoísmo.

Conserve a voz.
E o equilíbrio.

Trate a tumoração.
E o orgulho.

Mantenha a saúde.
E a paz de espírito.

❧

Siga adiante em sua jornada evolutiva e busque o aprimoramento íntimo, guardando sempre a certeza de que o mal é transitório e só o bem é eterno.

143

O QUE DÓI

Questão 154

Ainda durante a vivência física, e sem qualquer constrangimento, você experimenta no corpo episódios de separação.

≈

Despe a roupa.
Sem dor.

Descalça o sapato.
Sem angústia.

Remove o brinco.
Sem lágrimas.

Desata o colar.
Sem sofrimento.

Tira a maquiagem.
Sem tristeza.

Libera a luva.
Sem pesar.

Solta o cachecol.
Sem tormento.

Puxa o anel.
Sem aflição.

Retira o relógio.
Sem agonia.

Desprende a pulseira.
Sem gemidos.

❧

Também, na hora da morte, a separação da alma e do corpo não é dolorosa. O que realmente dói é a consciência do Espírito, quando percebe que esteve reencarnado e não aproveitou a oportunidade do aprendizado e da renovação íntima.

144

SEPARAÇÃO

Questão 155

A separação da alma e do corpo é mais fácil quando você toma algumas providências simples durante a vida material.

❧

Cultive a prece.
A oração pacifica.

Aja com honradez.
A hipocrisia pesa.

Pratique a caridade.
O bem eleva.

Eduque as emoções.
A irritação atrasa.

Esqueça a ofensa.
O perdão liberta.

Espalhe a bondade.
O egoísmo prende.

Seja indulgente.
A tolerância ajuda.

Tenha humildade.
O orgulho dificulta.

Evite a aflição.
A paz facilita.

Viva com amor.
O ódio complica.

೭

Atenda às necessidades do corpo, mas cuide também da renovação íntima, certo de que a passagem da alma para a vida espiritual depende de sua conduta na experiência física.

145

LIBERTAÇÃO

Questões 156 a 158

Liberte-se das influências materiais ainda durante o estágio no corpo.

❧

Proteja o físico.
Sem idolatria.

Cuide de si mesmo.
Sem exagero.

Adquira bens.
Sem cobiça.

Conduza os negócios.
Sem voracidade.

Utilize o dinheiro.
Sem ganância.

Sente-se à mesa.
Sem gula.

More com conforto.
Sem ostentação.

Dirija o automóvel.
Sem pompa.

Aprecie as roupas.
Sem obsessão.

Goste das joias.
Sem apego.

❧

A Doutrina Espírita ensina que a libertação dos laços materiais começa ainda na existência física, desde que você siga as lições de Jesus e busque a transformação moral.

146

É BOM

Questões 159 e 160

Se você ainda está em débito com as lições do Evangelho, cuide da transformação moral antes de chegar ao mundo dos Espíritos.

છ

Alimenta o ódio?
Desista.

Arde em vingança?
Pare.

Cultiva o egoísmo?
Deixe.

Espalha a intriga?
Mude.

Fortalece o orgulho?
Abandone.

Semeia o desespero?
Interrompa.

Atira a ofensa?
Renuncie.

Provoca a aflição?
Largue.

૨ન

Sem o esforço da renovação íntima durante a experiência no corpo, a chegada ao mundo espiritual é complicada, pois o Espiritismo comprova que, para morrer em paz, é bom que você viva no bem.

No ano de 1963, **FRANCISCO CÂNDIDO XAVIER** ofereceu, a um grupo de voluntários, o entusiasmo e a tarefa de fundarem um Anuário Espírita. Nascia, então, o Instituto de Difusão Espírita - IDE, cujo nome e sigla foram também sugeridos por ele.

A partir daí, muitos títulos foram sendo editados e o Instituto de Difusão Espírita, entidade assistencial, sem fins lucrativos, mantém-se fiel à sua finalidade de divulgar a Doutrina Espírita através da IDE Editora, tendo como foco principal as Obras Básicas da Codificação, sempre a preços populares, além dos seus mais de 300 títulos em português e espanhol, muitos psicografados por Chico Xavier

O Instituto de Difusão Espírita conta também com outras frentes de trabalho, voltadas à assistência e promoção social, como o Albergue Noturno, evangelização, alfabetização, orientação para mães e gestantes, oficinas de enxovais para recém-nascidos, entrega de leite em pó, vestuário e cestas básicas, assistência médica, farmacêutica, odontológica, tudo gratuitamente.

Este e outros livros da **IDE Editora** subsidiam a manutenção do baixíssimo preço das **Obras Básicas, de Allan Kardec**, mais notadamente, "**O Evangelho Segundo o Espiritismo**", edição econômica.

O Livro dos Espíritos
Allan Kardec

Na forma de perguntas e respostas, os Espíritos explicaram tudo o que a Humanidade estava preparada para receber e compreender, esclarecendo-a quanto aos eternos enigmas de sabermos de onde viemos, por que aqui estamos, e para onde vamos, facilitando, assim, ao homem, a compreensão dos mais difíceis problemas que o envolvem.
Todas essas explicações estão contidas neste livro.
Allan Kardec, quando redigiu seus livros, escreveu para o povo, em linguagem simples, e, sendo esta uma tradução literal, a linguagem simples original ficou preservada.

www.ideeditora.com.br

Conheça mais sobre a Doutrina Espírita através das obras de **Allan Kardec**

www.ideeditora.com.br

OUTRAS OBRAS DO AUTOR ▶ ANTÔNIO BADUY FILHO

Vivendo o Evangelho I   **Vivendo o Evangelho II**

Espírito *ANDRÉ LUIZ*

Importante trabalho do conceituado médium Antônio Baduy Filho que, desde 1969, vem psicografando mensagens do Espírito André Luiz, inclusive em sessões públicas na Comunhão Espírita Cristã, junto ao saudoso médium Chico Xavier.

As páginas que compõem esta obra, dividida nos volumes I e II, resultam de mensagens recebidas nos cultos evangélicos realizados no Sanatório Espírita José Dias Machado, de Ituiutaba, MG, onde o médium realiza trabalho voluntário como médico e diretor clínico.

Trata-se de um estudo, item por item, além do Prefácio e da Introdução, de todos os capítulos de O Evangelho Segundo o Espiritismo, através de preciosos e precisos comentários, do terceiro livro do Pentateuco Kardequiano.

Em ensinamentos claramente expostos pelo Espírito André Luiz, o leitor se sentirá agraciado com um verdadeiro guia para sua evolução a caminho da verdadeira felicidade.

Para o iniciante na Doutrina Espírita, vale lembrar que o Espírito André Luiz nos legou, através de Chico Xavier, notáveis informações sobre a vida no mais além, principalmente na série iniciada pela consagrada obra Nosso Lar, editada pela Federação Espírita Brasileira.

www.ideeditora.com.br

IDEEDITORA.COM.BR

✳

ACESSE E CADASTRE-SE PARA RECEBER
INFORMAÇÕES SOBRE NOSSOS LANÇAMENTOS.

TWITTER.COM/IDEEDITORA
FACEBOOK.COM/IDE.EDITORA
EDITORIAL@IDEEDITORA.COM.BR

ide

IDE EDITORA É APENAS UM NOME FANTASIA UTILIZADO PELO INSTITUTO DE DIFUSÃO ESPÍRITA, ENTIDADE SEM FINS LUCRATIVOS, QUE PROMOVE EXTENSO PROGRAMA DE ASSISTÊNCIA SOCIAL, E QUE DETÉM OS DIREITOS AUTORAIS DESTA OBRA.